[美] 伊恩·朱克斯（Ian Jukes）
瑞恩·L．沙夫（Ryan L. Schaaf） 著
钟希声 译

教育未来简史

——颠覆性时代的学习之道

A BRIEF HISTORY OF THE FUTURE OF EDUCATION

LEARNING IN THE AGE OF DISRUPTION

教育科学出版社
·北 京·

献给我的夫人，妮基。是你在我想放弃的时候无数次给予我鞭策，我才能坚持到底，完成此书。在此，我要向你表达最深最真的感谢之情。

——伊恩·朱克斯

献给我亲爱的家人——瑞秋、康纳，还有本，感谢你们对我的爱与支持。我的母亲苏珊、先父斯蒂芬，还有我的手足克里斯蒂，是你们的引导和耐心成就了今天的我。

——瑞恩·L. 沙夫

目　录

序

今日稍纵即逝，未来转瞬即来。

我们这一代人的成长过程伴随着对现代化世界的憧憬和想象。我们遵循着一些指示，依靠着一些资源而生活，并让自己去适应它们，希望这样就能找到一份好工作，攒下一笔钱，买房、结婚、生子，享受家庭的美满和人生的幸福。我们身边随处可见关于人生运行轨迹的种种线索，关于如何才能取得成功的种种法门。未来一片大好。

然而乾坤就这样突然扭转——迅雷不及掩耳！我们的家庭，我们的社会，乃至整个世界，已然改头换貌！

宣扬与时俱进很简单，而要真正做出改变却是艰难的。这一切都源于数字化和互联网的出现。成本不高但功能强大的数字化工具从根本上革新了我们的工作方式和生活方式。反观自己现在每天要依赖数字工具完成的事情，我不禁惊叹：以前没有这些工具的时候，我是如何工作和生活的？

我们可以举一些例子。今天的互联网设备让我们无须踏足银行就能管理我们的资金账户，无须出门就能轻松购物；一个手持智能手机和掌握必要搜索技巧的家伙，能轻而易举地成为身边更“智能”的那个人；无须搭乘飞机、火车或汽车，我们就能探索海角天涯；我们可以与很多素未谋面的人成为朋友；我们可以在视频网站上一连刷几个小时的搞笑视频或创意视频；我们可以毫无障碍地制作自己的多媒体作品。诸此种种，不一而足，似乎一切皆有可能。我们今天可以做的事，放在十年前可能还是天方夜谭。这一切来得太过迅猛，难怪会让人无所适从。至少我的感受是这样的。

这些巨大而突然的变化，以及它们对人类未来的影响似乎是不可阻挡的。网站和社交媒体已经取代了报纸；可随时随地获取的流媒体音乐取代了唱片和 MP3 播放器；DVD 曾经作为我们欣赏影音视频的主要途径，似乎在一夜之间就被 Netflix（网飞公司）所淘汰；电子阅读器和电子书正在挑战纸质书的存在感。然而，面对眼前不断发生的变革，很多人还是拒不接受。那些根植于我们脑海深处的认识和观念好像突然之间撞上了一辆轰隆隆而来的推土机。

人类总是出于本能，自知或不自知地抗拒变化，纵使这种显而易见的变化是历史发展的必然结果。这是因为我们把在成长过程中所感知到的世界的样貌深深刻在了脑海里。以学校为例，尽管联网数字化设备已经成为人们日常生活中不可或缺的部分，但学校还是一成不变，还是一样的组织结构，一样的角色分工，强调同样的课程内容，安排同样的课表。变革带来的挑战在于，传统的方法将越来越行不通。这就是为什么我们现在需要去重新思考学校，重新思考学习。是时候用现代化的工具和思维来培养下一代的学习能力了，是时候变革现有的教育范式了。

在我家孩子年幼的时候，我就发现他们对那些具备真人特质的教育类软件非常着迷。软件里显示的图像越逼真，发出的声音越动听，就越吸引他们，就像屏幕里有个朋友一样。孩子们可以从各种设备和软件上学到很多，因为这些工具和媒介依据他们的兴趣提供了定制化和个性化的内容。虽说如今在仿人类智能工具领域，人类已经取得了巨大的进步，但未来仍有很长一段路要走。

未来掌握在今天的学生们手里。种种价值观、方法论以及对答案的孜孜找寻塑造了今日之世界。然而，出于种种原因，我们的教育似乎很难跟上这个新的数字时代。甚至很多年轻教师也感觉到艰难，他们毕竟也是在传统教育模式中成长起来的。在这样的教育模式下，学生往往会下意识地跟随老师的期许、经验和设定，从而无法培养出在数字时代越来越重要的现代思维。

我观察当今的学生，惊异于他们在校园之外的日常生活中用起数字设备来是多么地自然而然。而后我想到了一班 30 多个人的情形。教师在课堂上的讲授基本上是面向全班学生的，这就意味着每个学生被教的是一样的东西。接着会有一场考试，考谁能记住更多课堂上教过的东西，然后按考试成绩将学生划分成优良中差。长久以来就是这样。如果一个学生不巧在低年级学业表现不佳，那他往后多半就不会再重视教育了，因为他觉得自己似乎永远无法和那些记忆高手较量。

现在请想象同样的情形，只是这次由 30 台数字设备来充当 30 位定制化的教师。想象这样一个学习环境，学生们在这里可以按自己的速度来学习不同的科目。想象这样一个由个人兴趣和学习能力塑造起来的学习环境，它的宗旨是提升每个学生的能力，直到每个人都掌握了各个学科领域的基本技能和知识。无论是想得全优的学生，还是想要深入学习某个科目的学生，都能在这样的环境中实现自己的目标。在传统的学习环境中，由于时间是固定不变的，学习反倒成了不确定的变数；而在智
xi 能设备支持下的定制化学习环境中，由于时间是受学生自己控制的变数，所以学习成了稳妥的常数。创造这样的学习环境将有望革新传统的学校模式。而其中最大的挑战不是智能设备够不够先进，而是能否克服传统思维障碍。阻碍我们将这样的学习环境变成现实的，正是我们的思维定势。

很多人都有这样的意识，认为学校应当教会学生思考，而不是死记硬背。但现实的问题在于，大部分人很早就在学校里领教了进行深入思考并不受待见。于是我们就把好奇心这扇窗一直关着，从不打开它。我们不曾将时间花在真正感兴趣的事物上，因为我们必须按部就班地上完学校规定的课程。我们不断被提醒，正确答案只有一个，它不因人而改变。学校往往不会鼓励学生打破砂锅问到底，而是教他们如何计算两列火车在轨道上相遇的时间——这种问题在生活中永远都碰不上，但很少有人会问为什么要学这个，它和自己的日常生活又有什么联系。

我最担心的事情是，我们不让孩子们追随自己内心的激情，

久而久之就扼杀了他们与生俱来的创造本能。传统的学习就是让班上的每个孩子都在同样的时间做同样的事情。之所以有很多学生过早放弃教育，是因为老师们总是期望从“聪明”的学生那里听到“正确”的答案。“思考”并不能让老师觉得一个学生聪明，记住“正确”的答案才能。

如果我们能打破那些教育壁垒，我们就有可能消除那些由出身的阶级带来的差距和影响。读哪所学校将不再能决定我们有没有能力去追求卓越，大家都将有同样的机会。但如果一个八岁的孩子就已经对学习失去了信心和兴趣，那我们就是无比失败的。学校现在的考核方法是学习的拦路虎。如果我们能给每个学生学习自己感兴趣的东西的自由，就不会有这么多人在高中选择辍学了。

希望吧，希望我们能给未来的学习者创造和提供更多学习的自由，培养未来社会真正需要的技能来解决真实世界中的种种问题。其中涉及的基本工具包括编程、沟通技能以及多媒体能力。言语的表达力是强大的，不过懂得以何种方式向他人表达想法才是真正的交流。这些，是未来的学校应该重点培养的能力。

未来吗?

现在就是未来。

这正是伊恩和瑞恩在本书中加以探讨的。他们检视了人们不自觉就故步自封的思维模式。故步自封的结果就是，当变化悄然而至时，我们会被打个措手不及。而我们面临的现实挑战恰恰就是，变化不可避免、不易预测而且正极具颠覆性地加速到来。

要想重塑现代社会的教育，我们的学校就要勇于迎接变化，激发和引导学习兴趣，鼓励使用数字学习工具。教育的当务之急是帮助我们的下一代培养在未来社会立足所需的技能和思维习惯。这就是本书的要旨。请您慢慢享受！

xii

——史蒂夫·沃兹尼亚克

史蒂夫·沃兹尼亚克（Steve Wozniak）是一位发明家、电子工程师、程序员、慈善家、教师和科技企业家，他和史蒂夫·乔布斯一起创立了苹果公司。他是个人电脑的发明者，也是第一个通用遥控器的发明者。他所获的众多奖项和荣誉包括国家技术奖、进入发明家和消费电子名人堂、胡佛奖、海因茨·迈耶-莱布尼茨奖、艾萨克·阿西莫夫科学奖。沃兹尼亚克目前正致力于推动教育领域的革新，并推出了个性化学习服务 Woz U。史蒂夫·沃兹尼亚克还是平衡车马球（Segway Polo）的创始人之一。

致　谢

伊恩想要在此感谢他的同事格伦·诺瓦萨德、布莱恩·群尼博士、弗兰克·凯利、安迪·兰金、迈克尔·斯特拉恩、乔治·索茨曼、弗兰·墨菲博士和鲍勃·汤普森博士，感谢他们的指导、鼓励，更感谢他们的友谊。还有瑞恩，感谢他的乐观和坚持。 xiii

瑞恩想要在此感谢马里兰圣母大学的老师和同学们，他们以改变世界为使命，值得褒扬。同时，要特别感谢伊恩和妮基，他们是不可多得的同事和导师。最后，要感谢所有的同学，祝愿他们未来硕果累累。

另外，我们要特别感谢史蒂夫·沃兹尼亚克和珍妮特·沃兹尼亚克，在本书出版的漫漫长路中，他们夫妇二人的耐心、支持和理解是我们的宝贵财富。

关于作者

伊恩・朱克斯是国际教育领导力咨询公司 InfoSavvy 集团的创始人和执行董事。他做过教师、校长，及地区和省级协调员，也是作家、国际顾问、大学讲师和演讲嘉宾。他与 80 多个国家的客户合作过，所做演讲超过 12000 场次。 xv

而在所有这些身份中，伊恩首先是一个充满激情的教育工作者。他在自己的教育生涯伊始就看到了教育改革的迫切性并致力于创新教育机构，让教育适应当下和未来的数字化一代——助力下一代人迎接未来，而不是把他们捆绑于过去。

伊恩出版（及共同出版）了 18 本图书以及 9 套教育类丛书。他的近期著作包括《如何教育数字化一代：千篇一律的高中》《生活在未来边缘：明日之窗》《读懂数字化一代：互联网社会的教与学》《读写能力远远不够：21 世纪数字时代的文化素养》《重新定义学习：数字化一代的学习策略和应用程序》以及《领袖转移 2020》。

瑞恩・L. 沙夫是马里兰圣母大学教育技术方向的助理教授 xvi

以及约翰·霍普金斯教育学院的研究生教员。在从事高等教育的工作之前，瑞恩曾是马里兰州的一名公立学校教师、教学主管、课程设计人员和技术整合专家。2007 年，他被提名为马里兰州年度教师。他的重要贡献是通过讲座和研讨会的形式展示游戏在课堂上能发挥的作用，普及介绍 21 世纪学习的特点以及教育中出现的新兴技术和趋势。

瑞恩在《学习新视野》和《加拿大行动研究杂志》等期刊上发表过几篇研究文章，鼓励将电子游戏作为一种有效的教学策略在课堂上加以使用。他出版的书籍包括《让学校变得更有成效：教室里的电子游戏》《电子游戏作为教学评价和指导工具》《重新定义学习：数字化一代的学习策略和应用程序》以及《游戏开始：电子游戏改变教、学、考》。

导　言

为何给本书取名《教育未来简史》？

1 数字革命方兴未艾，却已一次次颠覆人类的想象。在这个全新的时代，数字化的大环境正颠覆我们的日常生活，它让我们习以为常的法则变得过时，让那些由来已久的习俗发生转变，让经济改头换面，还刷新事务的主次先后，重新定义我们的工作场所，改变我们对现实世界的理解，让我们越来越割舍不下那闪闪的电子屏幕。我们的世界还在继续向前狂飙，教育也势必如此。而教育的未来正是本书的主旨。

关于如何教育数字一代（在互联网社会中成长起来的一代人）这个问题，我们提供了很多求新求变的思想和方法，但本书的主要目的在于让广大的教育者和教育相关方接受革新和改变，帮助他们转变思维定势，鼓励他们多在教育过程中与学习者一起尝试新的教育方法。

想想这个问题：知识已经从根本上被互联网的普及所改变，在这样的背景下，教育的未来会是什么样呢？知识还将一如既往地重要，但问题是我们生活在一个信息爆炸的时代，可以随时随地不受限地获取大量信息。可以说大多数人现在都有一个外部大脑，那就是我们随身携带的联网设备。我们不停地用这个外脑来搜寻信息，用它来与家人、朋友、同事和同好保持联系。也由于此，我们越来越习惯于把信息的获取交给电子设备来做，而将更多的关注点放在信息的应用和新事物的创造上。

我们几乎不用再费心去记电话号码了，只要点开手机，其余的就不用操心。但网络崩溃时，我们也会跟着失能。现在的学习者是数字化时代中始终在线的网络公民，他们的学习能力受到互联网的极大赋能。他们习惯了信息的即时获取和网络的24小时畅通。对他们而言，接入网络是一项基本权利，而不是某种特殊待遇。这代人甚至很疑惑为什么要记住不同国家和它们首都的名字，反正互联网或人工智能可以在三秒甚至更短的时间内告诉我们这些信息。

只要有一个连通了网络的电子设备，任何人都可以获得人类知识的全部储备——当然我们要假设此人能够有效地筛选和利用存储在网上的海量数据。由此可见，死记硬背对未来的公民或劳动力而言将越来越没有用处。

这是一个重大且突然的变化，对此教育者需要明白一点， 2
那就是学习者是我们的委托人，是我们的顾客。要与他们建立联系，我们就要主动走近他们，而不是总期待他们来找。必须像对待顾客一样对待我们的学习者，而不是把他们当作学习的奴仆，因为未来的学习将不再仅仅由教师和学校来定义。

为何教育者必须做出改变？

教育领域第一次出现了真正的竞争，学习者有了更多可供选择的学习方式——在最具创新性的学习方式中，甚至没有“学校”这个概念。为了吸引这些学习者，传统教育和教育工作者必须付出更多努力去理解和利用新型学习方式，这样才能和它们竞争，获得学习者的青睐。传统教育必须不断应对各种颠覆性力量，如移动设备、社交网络、基于云的学习、各种学习类应用程序（App）、创客运动、大规模开放在线课程（MOOC）、游戏学习、翻转学习、个性化学习、混合交互式学习、流媒体视频和虚拟学习环境等等，不一而足。

对数字化一代而言，颠覆性的新型学习方式比大多数学习者现在仍在接受的传统教育更具吸引力、创造性、适切性和社会性。这样导致的结果就是教和学有不再依附于学校而进行的趋势。无疑，学校在儿童保育和社会化教育上将一直有其独特作用，但除了学校之外，现代教育几乎渗透到了社会的方方面面，教室里面对面的教学方式正越来越多地被线上教育方式所取代。据统计，单单 2016 年就有 580 万美国人注册了在线课程（F. Smith，2016）。

教育的与时俱进不仅要求教育者做好教育工作，更要求教育工作与学校之外的世界接轨，对学习者，也就是我们的顾客的现在和未来负责。自适应技术已经可以取代教师的大部分传统工作，但抛开这个尚待解决的问题，要想让教育继续发挥它应有的作用，我们就必须下功夫提升教育水平，刻不容缓。

作为本书的作者，我们在书中反复强调：学习软件和程序无法取代教师，或者更准确地说是无法取代优秀的教师。对学生而言最强大的影响力，或者 21 世纪的“杀手级”课堂应用，仍是一位出色的教师。不过，从大多数教师的时间分配和利用情况来看，很多传统的教学和学习任务（如授课、学习评价和家长沟通）未来将由自适应硬件和软件所接管（Arnett，2016）。那些只给学生硬塞知识、照本宣科，把教学生当成看孩子，只会通过出选择题来考查学生的教师，注定将被取代和淘汰，就像现代全球化社会中白领和蓝领的命运一样。教育研究者托马 3
斯·阿内特（Thomas Arnett，2016）这样写道：

> 教师这一职业也无法免受科技进步的影响。现在的学生觉得把问题扔给谷歌比腾出时间去问老师要快得多，也方便得多。互联网上不仅网页资源应有尽有，还有视频、交互模拟以及各种游戏，它们让学习变得参与性强、有趣而又难忘，甚至与教师的作用不相上下。新的学习平台，如可汗学院，让学生更容易找到适合自己的学习资源。位于教育技术前沿的认知导引技术和自适应学习技术能通过大数据判断出学生的个人学习需求，在此基础上提供类似于个人辅导的针对性教学。软件甚至能开始像老师一样准确地给学生的作文打分。（p. 3）

或许在不久的将来，学习者就不再需要依赖老师来学习代数或物理了。那些不愿或无法做出改变的老师将在未来不断变化的劳动力市场上面临严重的危机。请想一想，那些只会给学生硬塞知识、照本宣科，把教学生当成看孩子，只会通过出选择题来考查学生的教师会被取代和淘汰吗？如果会的话，大致是在什么时候？

我们希望看到的是，日益信息化的教育环境能把老师从重复性劳动中解放出来，让他们能够与学习者进行更多复杂的人性和情感上的互动。但教育领域和教育工作者还有一些根深蒂固的观念和模式必须要先加以克服。其中有一点就是承认一个已经被研究证实的事实：当今的学习者在认知上与过去几代人存在根本性的差异（Carr，2010；Doidge，2007；Medina，2008；Ratey，2013；Small & Vorgan，2008；Willis，2007）。

我们在本书中从头到尾细细检视，发现现在的学习者看待世界的视角和融入世界的方式跟以往的几代人是大不一样的。他们的学习方式也与他们的前辈有着根本的不同。何以如此？不妨考虑一下视觉学习、社会学习、移动时代、大数据、游戏和个性化这些趋势正在给教育的面貌带来怎样的改变。

20 世纪的思维模式如何阻碍现代学习？

教育之所以无法适应 21 世纪学习者的需求，障碍在于 20 世纪的教育思维方式。要知道，那些在 20 世纪的教育模式下长大的人，不论他们现在是否待在教育圈子里，都是不了解当今教
4 育的现状和发展的。很多家长、政客、社区人员、校董事会成员、教育家、领导人和决策者完全不了解 21 世纪的学习者和年轻教师是如何思考、理解和沟通的。他们不了解现代教学、学习和评价的特点。很多人还在沿用传统的遵从式的语言思维进行思考和交流，因为那正是他们在成长过程中所受到的学校教育留下来的经验。

在20世纪的教育模式下成长起来的几代人对考试分数、行为表现、基本的读写能力以及其他抽象概念，如努力、灵感、成功和失败有着深刻的理解。但如果他们能更好地理解21世纪的这代人是如何思考和学习的，如果他们能看到不同的教学和评价模式的利弊，以及分数的固有局限性，如果他们知道如何培养21世纪所需的核心技能，如批判性思维、解决问题和观察的能力——如果他们能做到这些，结果又会怎样呢？在教育这个问题上，老一辈人可谓是沉睡的巨人。如果他们知道当前的教育辜负了多少学生，而不是只看到那些在教育中劈波斩浪最后艰难成功的少数人，他们就不会再把愤怒的矛头指向老师、校长和督学等教育工作者，而是会明白教育的问题根本出在决策者和政治家身上。他们甚至可能会自己挑起重担，用行动改变当下教育的现状。所以我们要利用各种机会让老一辈人了解当下存在的问题，并让他们参与到改变教育的行动中来，若不这样做，所有国家都将面临一个岌岌可危的未来。这就是本书的目的所在，也是我们将本书取名为《教育未来简史》的原因。

行动起来！

本书有两个目的。其一是要向所有相关方告知当前教育的情况；其二是要发起一场运动，把当下的教育往未来需要的方向推动。我们所说的相关方包括教师、教育领导者、技术学习专家、家长及其他广大的教育相关群体。

教师们，无论新老资历，都可以通过本书了解到学校和教育的现状。教育领导者要下定决心改变传统的学校教育。技术学习专家要助力教师和教育领导者，利用现代学习工具来改进教学、学习和评价。家长们则可以通过本书更好地理解数字化一代的不同之处，了解到如何才能令他们成为终身学习者。社会中的其他群体则可将本书视为通往未来教育的一幅路线图。

本书的第一章剖析了教育界的“一贯做法”以及这些“一贯做法”对当今学校的影响。第二章敲响了一记警钟，让我们正视这个时代令人措手不及的可怕的变化，让我们认识到学校里的一贯性思维要不得。第三章探讨了我们的市场、商业、社区和整个社会所面临的现代化创新趋势，以及这些趋势对数字化一代和当今的学校教育意味着什么。第四章分析了在数字化环境下成长起来的学习者偏好的学习方式，以及教学如何迎合这些偏好。同时，我们分享了一些顺应学习趋势的教学策略、工具和资源。第五章分享了作者在教育研习过程中的一些体悟，旨在让读者以开放的心态接受未来教育的种种变化。第六章展望了 20 年后一名学生的学习经历。我们将根据这段经历对未来的学习做出 11 个预测。第七章力争证明作为教育者的我们可以在培养现代学习能力的同时兼顾到学习标准、教学内容和标准化考试。第八章分析了当代教育工作者面向未来必须承担的 11 个关键角色，并为他们推荐了相关资源和专业渠道。在最后的结语中，我们鼓励读者从自己做起，给学校带去改变，助力我们的下一代更好地迎接未来，而不是重走过去的老路。我们借用沙丁鱼群的比喻，呼吁教育工作者和变革推动者从当下开始改革学校，培养现在和未来都迫切需要的全球化公民。我们在每一章的结尾对章节主要观点进行总结，提出一系列启发性问题供读者思考和讨论。

正如哲学家埃里克·霍弗（Eric Hoffer）所说：“在激变的时代，能学之人得以承前启后，而饱学之人仍活在逝去的世界之中。”（引自 Stanton，2013）最令人痛心之事莫过于我们本着一片良苦用心，到头来却发现我们精心培养的竟是昨日之人，而非未来公民。

我们衷心希望本书能帮助广大读者跨越教育改革的第一道藩篱，了解到教育之外的世界已经如何风起云涌，我们为何一定要做出应对。我们面临着自工业革命以来在深度和广度上都前所未有的变化，旧的价值观和制度正在瓦解，而新的方向在哪里，我们不敢妄言。但无论我们接受还是抗拒，都阻挡不了变革势如破竹。我们对其是视若无睹，是奋力抵制，还是别无他法，只有以变应变?

如果我们做好了变革之计，就无惧后事如何；如果我们原地不前，就将被未来的大潮所吞没。机会只有一次。

如何阅读本书?

你还记得孩童时候读的自选故事线故事书吗（不妨问问你的父母）? 这些书让我们从众多可能性中自行选择故事发展的方向，读者对下一步的阅读拥有决定权。

阅读本书时，你也有自主选择权，你可以选择从头到尾、 6
一页接一页的阅读方式。(如果这个方法能奏效，那就太好了!)

或者，你也可以像读自选故事线故事书一样（相信很多数字化一代比较倾向于这种阅读方式），从任何一个地方开始阅读：你可以浏览目录，或者在书中找到你感兴趣的、相关的或有用的主题。找到切入点后，你就可以尽情翻阅本书了。

假如你是一位老师，面对一群上课开小差、不认真听讲的学生，那么你可以直接翻到第四章“数字化一代的九大学习特性”，然后继续阅读第六、七、八章关于现代教学、学习和评价的研究与探讨。

如果你是一位家长，我们建议你从头阅读，去了解传统思维模式的弊端和创新时代的颠覆性学习方式。这些话题对家长和其他教育相关方——学习者、教育者和变革推动者——都有一定的必要性和吸引力，它们从宏观层面的讨论出发，最后落脚于微观层面的实行。

我们为本书设计了不同的阅读方式，目的就是让读者能够各取所需。不论用哪种方式来读，这都是一本轻松易读的书，各章之间是连续递进式发展的，同时每章又都是独立的。虽然我们在写作本书时会交叉引用一些内容来启迪读者进行深入思考，但每一章都是独立于其他章节来写的。这也意味着有些观点需要读者在多个章节中反复审视，同时我们也在每一章中从新的角度去探讨这些观点，并提供新的见解。

培养下一代适应未来的能力，倘若不从现在开始，更待何时？希望本书能助你完成这一重要的转变！

第一章

摒弃“一贯做法”

教育界之所以难有重大改变，是因为一个重大变化往往要求周遭的一切跟着变化。

——泰德·赛泽（Ted Sizer）

7 人们往往不问为什么，不追究来龙去脉就乐于采用一贯做
法来办事情，这真是令人惊讶。我们易于接受既存的一贯思维
和做法，因为这样做面临的阻力和困难最小。教育者组建学校
8 的方式还是基于马车时代、油灯时代和大工厂时代的思维方式
和利害关系（Lapidos，2007；Wagner & Dintersmith，2015），这
就是典型的采用一贯做法来办事情的例子。

学校已经许久没有发生过结构性改革。我们生活的世界却已大不一样，它瞬息万变，不可预测。颠覆性技术点燃了变革的引擎，而且变革的速度似乎与日俱增。激变带来的快速发展对人类有着深远的影响，这一点我们有目共睹。面对这般加速而来的颠覆性变革，我们十分有必要对学校教育的一贯做法背后的逻辑进行质疑。

五只猴子的实验

戈登 · R. 斯蒂芬森（Gordon R. Stephenson，1967）在研究中发现，一贯做法的思维在人类的进化表亲——猴子身上表现得非常明显。在实验中，五只猴子被围在同一围栏内，从围栏顶部用绳子坠下一根香蕉，并在香蕉下放置一个梯子。总有一

只猴子会试图爬上梯子去取香蕉。当这只猴子开始爬梯子的时候，实验人员就用消防水龙头向围栏里的所有猴子喷冷水，直到那只猴子不再靠近梯子。

但是过了一会儿之后，又会有一只猴子想爬上梯子去取香蕉。跟上次一样，当这只猴子的脚踏上第一级阶梯的时候，实验人员就用消防水管里的冷水去喷所有的猴子，直到把靠近梯子的那只猴子赶走。重复这样的过程，直到有猴子想爬上梯子去抓香蕉时，其他猴子会群起而攻之，因为它们不想再被喷冷水。谁再想爬，谁就要挨打。

一段时间后，猴子们都有了条件反射，它们知道如果自己试图爬梯子去取香蕉吃，其他猴子就会向自己发动攻击。这时
我们把消防水管收起来，从围栏中领出一只猴子，换进一只没 9
被喷过冷水的猴子。

很快，新来的这只猴子瞧见了香蕉，便也想爬梯子去取。然而，它万万没有想到的是，围栏里的其他四只猴子都前来阻挠并攻击它，因为这四只猴子都还记得之前的教训。这只新来的猴子反复尝试，其他猴子则反复揍它，最后新来的猴子也不再尝试了，因为它知道接近那把梯子的后果就是被其他猴子合伙攻击。

接下来，再从围栏里领出一只被水喷过的猴子，换进另一只没被水喷过的。这时上一幕的场景将重新上演：新来的猴子想要爬梯子去吃香蕉，其余四只猴子，包括上次新进来的猴子，都使出浑身的力气攻击它！同样地，换出第三只被水喷过的猴子，第四只，直至第五只，都会发生同样的情况。

每只新进来的猴子都试图利用梯子去取香蕉，但每一次尝试时都会遭到其他猴子的围攻。有意思的是，发起攻击的猴子其实并不明白为什么不能爬梯子去取香蕉，也不明白为什么要打新来的猴子。

把最开始的五只猴子都换出来之后，围栏内的猴子便无一是被喷过冷水的。尽管如此，还是没有一只猴子敢于爬上梯子去吃香蕉。

此时关键的问题来了：为什么这些猴子不去吃香蕉了？因为它们形成了一套既定不变的做法。猴子们的做法揭示了一贯做法的本质。人类的大脑尽管发育得更高级，但也不能免受这种行为模式的影响。（作者注：没有猴子在此过程中受到伤害！）

如何解释我们的行为？

你在教学实践中是否有一些下意识的习惯？你可曾停下来思考自己的教学方法，思考自己为什么要用这种方法？你用来调动学生积极性和参与性的方法，是不是换来换去还是那几招？一节课开始或结束时，你有没有什么惯例性的做法？

我们多么容易未加思考、不问缘由就依照惯例来处理问题，
10 这真是令人称奇。之所以会这样，是因为不假思索地遵循旧例，走之前走过的路，要比审时度势，重新做出决定容易得多。相比于绞尽脑汁去重新思考一个问题，人们往往会更轻易地陷入一种存在已久的思维定势。我们不自觉地就接受现状，没想过要做出改变，因为那是最省心省力的做法。我们将在本节探讨

一个真实的故事，看看古罗马时代的战车是如何决定现代铁路的面貌，甚至影响美国太空计划的。这个故事和教育并没有直接关联，但它直观揭示了人类避重就轻地接受而非改变一贯做法的群体性倾向。

关于铁路的惯性思维

在穿越回古罗马时代之前，我们先从中间开始讲述这个故事。在美国和世界上许多其他国家，铁轨的间距都有一个标准值，那就是四英尺八又二分之一英寸（约合 1.4351 米）。肯定有人觉得这个数值暗含蹊跷。为什么是四英尺八又二分之一英寸，而不是四英尺六英寸，或干脆五英尺，或其他数值呢？关于这个数值，流传着很多猜测、故事和传说，其中我们认为最有说服力（暂不考证其真伪）的说法是，这个数值恰是第一批英国铁路工程师修建的第一批铁轨的宽度，而美国的铁路最初就是由英格兰移民修建的（Bianculli，2001）。

英格兰之所以把铁轨宽度设定为四英尺八又二分之一英寸，是因为负责建造第一批铁路的行会，恰恰是在铁路出现之前负责掌管马车和手拉车的行会，而四英尺八又二分之一英寸正是英格兰马车的轮距（Bianculli，2003）。

有人会问了，为什么马车制造商要将轮距做成四英尺八又二分之一英寸呢？因为他们别无他法——如果做成其他宽度，马车就无法在整个英格兰地区早已修建好的宽度碰巧就是四英尺八又二分之一英寸的车辙上行驶。

这下又有人会问了，英国车道上的车辙怎么就是四英尺八 11

又二分之一英寸宽呢？原来英国（以及西欧大部分地区）的第一条长距离车道是由两千多年前的罗马帝国为行军之用而修建的，这些车道一直沿用到了近现代（Bianculli，2003）。

罗马帝国的战车在这些车道上留下了第一道车辙，而这些战车的轮距就是四英尺八又二分之一英寸。因此，后来者若想在这些车道上驾驶马车，就只能轧着这道四英尺八又二分之一英寸宽的车辙。事实至此已经明了，现代美国的标准铁轨间距实际上源于两千多年前罗马帝国的战车轮距（Bianculli，2003）。

有些人可能会想，真是不可思议，多蠢多荒唐啊！确实是，但是回过头来看看我们的规章制度、政府机构、制度体系等，不也都是自然而然地循前人之制、蹈前人之辙，然后慢慢固化下来的吗？尽管周遭的世界滚滚向前奔跑着、变化着，制度还是要我们沿袭旧制，效仿前人的做法。

故事讲到这里，肯定有人疑惑：哪个傻瓜想出了如此奇怪的制度？在这个例子当中，其实你已经非常接近真相了。答案是，罗马帝国的战车轮距是以刚好能容纳两匹并排前行的马的臀宽来设计的（Bianculli，2003）。

原来决定了人们两千多年来出行方式的，竟是马臀宽度。现在大家应该知道一贯做法的威力和可怕之处了吧！

太空旅行和马臀宽度

我们的故事并没有就此结束。虽说美国航空航天局（NASA）已经取消了航天飞机项目，但大家应该知道航天飞机从发射台起飞时，燃料箱两侧置有两个大型助推器。这两个固体燃料火箭助推器是 NASA 在犹他州的 ATK Thiokol（美国一家火箭和导弹推进器供应商——译注）工厂生产制造的（Bianculli，2003）。设计这些固体燃料火箭助推器的工程师原本想将助推器设计得更大一些，以便在起飞时获得更多的推力。但问题是这些助推器必须从犹他州的工厂经由火车运送 2362 英 12
里（3801 公里）才能到达佛罗里达州的发射场。

从工厂到发射地点的铁路线要穿过各种隧道，而隧道只比铁轨宽一点点。当然我们已经知道了铁轨的宽度，大概只有两匹马的屁股那么宽（Bianculli，2003）。

可以说，航天飞机作为当今世上最先进、最复杂的运输系统（起飞时有 100 多万个部件在工作），它的一个重要设计特征竟然是由两千多年前两匹马的屁股宽度所决定的。

学校的一贯做法与思维定势

1894 年，由美国东部的高等教育工作者组成的十人委员会建议将美国高中的课程进行标准化处理（National Education Association of the United States，1894）。如今一个多世纪过去了，美国公共教育体系赖以建立的基本原则仍然是当年的那一套标准（Wagner & Dintersmith，2015）。

20 世纪初，农业时代的思维方式开始让位于工业时代的思维方式。弗雷德里克·温斯洛·泰罗（Frederick Winslow Taylor，1910）所著的《科学管理原理》奠定了工业化流水线的基础。当时的雇主认为工厂模式是最先进的生产力组织形式。无怪乎

20 世纪早期社会也模仿起当时的流水线模式来设计学校（Watters，2015）。学校相当于一条生产线，教师的角色好比是工人，学生好比是学校生产出来的产品。这种把学生当成流水线上的产品的教育模式，目的是让学生在离开学校后能按照指令在生产线上干活，能尽可能精准高效地进行重复性劳动。这种做法在当时的时代背景下的确具有一定的社会意义，但它形成了一种惯例，后期若要改变是非常困难的。

学校要像工厂一样

时至 2018 年，我们的教育体系仍在以亨利·福特（Henry Ford）组装车辆时的高效性和一致性要求来培养我们的下一代（Watters，2015）。学校和工厂一样追求标准化流程、大规模生产、技术性统一和同步化进程，这在 20 世纪早期有一定合理性，但是当今的世界已经不同往日了。著名科幻作家亚瑟·C. 克拉克（Arthur C. Clark）曾这样说过：科幻小说和科学事实的区别是，科幻小说必须令人信服，而我们所面对的一部分现实却是不可思议的（引自 Larson & Micheels-Cyrus，1986）。

13 雷·库兹韦尔（Ray Kurzweil）是一位杰出的作家、思想家和发明家。他拥有 3500 多项专利，他对未来的预测也比历史上任何人都要准确（并有文献记载）。自 20 世纪 90 年代以来，他至少做过 147 个预测，其中 115 个经时间证明是准确的，另有 12 个是基本准确的（跟现实相差一两年）。他的预测准确率达到惊人的 86%（Basulto，n. d.）。

库兹韦尔认为，人类历史正越来越接近“奇点”（singularity）

出现的那一刻。他所谓的奇点就是人与机器的边界消失的那一点（Grossman，2011；Rejcek，2017）。技术越来越强大，同时也越来越透明和易懂。我们使用最新的技术，就像用钢笔或叉子一样。这会让我们越来越难以划分真人和技术的边界。

库兹韦尔对未来所做的预测中尤为引人注意的是，他认为到2030年我们将可以通过毛细血管把纳米机器人植入人类的大脑，从神经系统内部创造全浸式虚拟现实体验，并将大脑皮质连接到云端（Basulto，n. d.）。这意味着无限的可能。通过将智能手机以无线的方式连接到云端，我们可以将其功能扩大一万倍。同样地，我们也可以通过将大脑连接到云端来为大脑赋能。

且慢，2030年并不遥远。在库兹韦尔的预测中，人类大脑被接入一个互联网，人类的智力和记忆能力通过这种方式提升了数量级。若如库兹韦尔所言，届时大脑之间将能进行直接交流，无须借助电子邮件、微博、短信、电话等等，只要想一想沟通对象，就能将我们的想法直接传达给他人。试想一下，通过神经元间的一个芯片就能立即获取人类的全部知识积累。你能做到秒算复杂的数学方程式，轻松在任何城市进行导航，驾驶首次接触的战斗机，毫不费力地使用或翻译任意一种语言，根据实际需求升级大脑的处理能力，使其性能提升几十倍、一
百倍或一千倍。要做到这些，是不是得进行神经外科手术呢？ 14
不，下载大脑手术软件就行了！甚至可能连下载都不需要，从云端到大脑的流式传输就能搞定。

届时我们将能够记住发生在我们身上的每一件事情，因为所有的记忆都存储到了云端，通过对生平记忆的即时搜索，我

们便能找到需要的有用信息。当记忆变成可储存、可搜索的云端信息时，我们也将能够根据自己的愿望，把它们与日历表、重要的地理定位信息、突发新闻、天气、健康数据、股票市场或其他任何我们所能想到的东西联系起来。

如果库兹韦尔的预测是准确的（请记住他的预测有 86% 的准确率），如果我们可以即时获取任何知识并将其融入我们的日常思维中，教育将面临一个怎样的未来？在这个颠覆性的时代，教育的未来会怎样？

可惜的是，我们的学校课程甚至连 1990 年后的科学发现都很少涉及，遑论库兹韦尔预测的高科技了。关于人脑机能及其如何影响学习的最新研究，更没能反映到当今的教学实践中去。

教育之外的世界正在急速变化，为什么教育之内的我们反而在奋力抵抗变化？要让教育与这些变化相适应，我们就需要改变和改进与教学及考评相关的方方面面。那么，我们从哪里开始呢？

改变很难，不如你先来！

我们常常忘记改变有多难。想想我们自己想改掉的某个坏习惯或不良行为吧，比如戒烟，记得放下马桶座圈，说话时不要总是吞吞吐吐、含混不清，养成节俭或者健康饮食的习惯，等等。改掉一个看似不起眼的坏习惯到底有多难？答案是，哪怕再小的改变也要比想象中难得多。有时候一些小小的改变也会让人觉得无法实现，因为改变不是一蹴而就的。著名心理学家詹姆斯·普罗察斯卡（James Prochaska）认为，人们对变化带来的挑战怀有极大的恐惧（Ballard，2016）。他认为行为变化极少是一个离散或单一的事件，然而人们却往往会将它看成一个单一事件。事实上行为的改变是逐渐发生的。

我们要求教育工作者和政策制定者改变对教育的认识，这绝不像改变饮食或节省花销那么简单。这是关乎一些最基本、最被内化、人们早已觉得理所当然的自我以及信仰体系的改变。跟这比起来，养成锻炼习惯几乎简单得像是小孩子过家家的游戏。

改变教育的一个重大障碍是，那些雇用教师的人、参加家长会的家长，以及制定法律法规的政治家们不希望发生任何根本性的变化，因为那将逾越其成长过程中经历过的轨道。任何变化都会让他们感到不安。这是一贯做法啊！

我们希望甚至需要得到与之前不同的结果，却仍用老方法去 15
做，这就是糊涂了（Einstein & Calaprice，2013）。如果我们仍用与之前完全一样的方法去做一件事，那么我们得到的必然是与之前一样的结果。放到教育上来，一成不变不仅辜负我们自己，辜负我们的孩子，到头来也辜负我们的国家。这样就太失败了！

为此，我们分享 10 种有助于克服教育中的一贯做法和思维定势的方法。

学校如何更好地拥抱改变

1. 为教学、学习和评价树立一个共同愿景。

2. 根据教学、学习和评价愿景部署资源（人员、资金、学习材料和基础设施）。

3. 结合现实问题创设体验逼真的学习活动。

4. 对决定课程适切性的老标准进行重新评估。

5. 鼓励教师成为推广新型学习模式的指导者和促进者。

6. 重新打造学习空间和学习环境，使之与现代教学、学习和评价实践相契合。

7. 鼓励家长以专家身份参与学校事务，并让家长就学生的学习活动提供反馈，从而培养家长的认同感。

8. 建立一个面向未来的学校学习共同体，关注学生未来的职业发展和人生轨迹。

9. 建立共同协作的学习团队，引导这些团队开发具有现实意义的产品和解决方案。

10. 将学校变成一个接纳改变的地方，并鼓励不断进行再审视、再创造，将社会中发生的颠覆性变革体现在教育中。

一贯做法的例子

为了说明人们会多么轻易地落入一贯做法的思维陷阱，我们设计了一系列活动。除了揭示一贯性思维具有极强的传染力之外，我们也告诫大家千万要谨防落入其中。从多步骤的复杂活动到简明通俗的比喻，我们要明确地告诉读者，惯性思维是多么地不费脑子，对培养面向未来的下一代是多么有害。

纸飞机和机场

多年来，我们在研讨会上组织的一个小活动充分展示了一

贯做法的威力。这个活动是这样的：首先在投影屏幕上圈出一
块地方，或在讲台前摆一个盒子或垃圾桶，当作机场，然后请
活动参与者设计和折出一架能飞出去并降落在"机场"上的纸 16
飞机。等大家都折好纸飞机后，让他们同时向机场"发射"。通
常只有少数纸飞机能成功着陆到"机场"上。

在这之后，请活动参与者根据第一次的纸飞机飞行表现重新设计并制作一架纸飞机，目的是提高飞机的飞行性能和着陆准确性。同时我们把第一轮的纸飞机放在桌上进行展示。参与者做好第二架纸飞机后，再次让他们同时向"机场"进行"发射"。我们见到的结果通常是，第二轮的着陆甚至比第一轮更差劲，因为大多数参与者改进纸飞机的方法是在原来的基础上进行修补，而不是重新设计一架新的飞机。

第二轮飞行结束后，我们把第二轮的纸飞机也收集起来放在附近的另一张桌子上进行展示，然后和参与者进行交流。我们先来看看他们的第一架飞机——每一架都有点不一样的地方（用的纸张、大小、折法等等），但每一架又都是用同样的折纸方法折出来的。虽然这样折出来的纸飞机大多数都飞不好，但这是我们折纸飞机的一贯方法。老师就像折纸飞机的人，外界要求他们做这样那样的改进，但就像折飞机的方法一成不变，学校教育并没有发生变革。我们做的只是给它添加了更多的功能而已。

再来看看他们的第二架飞机。很多和第一架看起来并无大异，只是细节上略有不同。通常情况下，第二架都飞得更差。这也是一贯做法的威力啊！

我们继而引申开来，设计纸飞机和设计学校的惯性思维如出一辙。我们最后做了一件让参与者目瞪口呆、恍然大悟的事情：拿起一架纸飞机，把它揉成一个球，然后向“机场”扔了过去。这架揉皱的飞机显然比其他有模有样的飞机飞得更远，着陆也更精准。

我们想表达的重点就在于此：作为教育者，有时候抛掉以前的想法比一个劲儿做更多努力更为重要。我们要尽量把事情简单化，专注于真正重要的东西。真正重要的是学生怎么学，而不是教师怎么教。在此，我们分享五个策略，希望有助于教师将学习者放在学习的首位。

17 **教师如何将学习者放在学习的首位**

1. 以退为进：逐步把学习的重任从自己身上转移到学生身上，教室里最努力的人应是学生，而不是教师。

2. 魔术贴学习：魔术贴若只有一面，是粘不了东西的，必须有另一面才能发挥作用。同样地，对于孤立教授的内容，学生们是记不住的，必须要由教学过程和教学情境构成“魔术贴”的另一面。经验告诉我们，当教师亮出“魔术贴”的两面时，学生就更能记住教学内容。

3. 利用失败：给学生构建一个即使犯错也很安全的环境，然后帮助他们找到错误的意义，使之成为宝贵的学习经验。托马斯·爱迪生谈起自己发明第一只电灯泡时曾说过：“我没有失败一万次，我只是试验了一万种行不通的方案。”（Hendry，2013）

4. 将来式思维：将学习者从现在式思维模式引导到将来式思维模式（James，1997）。

5. 挑战学习者的信念体系：必须让学习者的认识论受到挑战，才能帮助他们更好地理解他人的信念、观点、意见和价值观。教育者应该创造机会挑战学习者的世界观，帮助他们形成一种多样化、全球化的理解力。

回到原样的橡皮筋

研讨会的最后，我们经常会拿出一根粗皮筋，将它拉长，稳住，直到一段时间后觉得胳膊酸了才松开。这时皮筋会弹回原来的位置。为什么它会回到原来的样子呢？因为皮筋也有一种惯性，一个舒适区，一个它已经维持了相当长时间的状态。皮筋也有个一贯状态。

那么怎样才能让皮筋保持住拉伸的状态呢？有几种方法：可以把它绕在某个东西上，可以对它进行加热，可以将它冷冻，还可以用溶剂来改变橡胶的化学结构。有趣的是，即使对它施加了这些外力，一旦将外力释放后，皮筋仍要试图弹回原来的状态。这与教育又有什么关系呢？

我们都知道世界已经变了，而且还在接着改变。我们承认 18
世界不一样了，但是诚如老话所说：形势一旦变艰难，强者就会变传统。或许我们也没有意识到自己会不知不觉地回到旧的习惯和信念上去（Ballard，2016）。

当我们对经验之外的新事物和新想法感到不适并想回避时，

就会产生“皮筋效应”——无意识、本能地回复到原状，继续以一贯方式行事。几乎每个人在面对变化时都会无意识地想退回到事物原来的样子和做法上去，这是历史上所有人都经历过的，也是将来的所有人都将经历的。今天、明天或者将来的某个时刻，当你猛然间领悟到本书中许多新思想的真正含义时，你也会经历这种无意识的反弹。

本章小结

本章我们谈到了一贯做法以及它对社会和教育的影响。回顾这一章时，请确保你理解了以下要点。

- “一贯做法”是指不加思考就按照以前的老方法来处理一件事。
- 很多学校在管理和运行上都体现了一贯做法的思维，因为在很长一段时间内，学校不曾发生过太大的结构性变革。很多教育家也毫无保留地信奉以前的那些教育理念。
- 面对难题时，重复前人的做法要比审时度势、重新评估，然后做一个新的决定容易得多，因此才会有一贯做法的心态。
- 数字化一代面临的是一个截然不同的世界。当前的教育模式已经无法适应世界对他们提出的挑战。
- 学校和教育者必须思考一个问题：我们要为哪个时代培养人才？学校肩负着引领下一代迈入或创造数字时代、生物科技时代和纳米科技时代的重任。教育者要帮助下一代迎接明天的世界，而不是停留在今天的世界中。

19 自我梳理

- 什么是一贯做法？一贯做法和思维定势会如何影响学校以及学校日

常的教学策略和教学活动?

- 你工作的学校或地方有没有体现一贯做法和思维定势的观念或做法?如果有,你将会如何试着改变它?
- 纸飞机和橡皮筋实验是如何体现一贯做法的?这两个场景对教育实践有何借鉴意义?
- 教育中的一贯做法和思维定势会如何影响教育的未来?
- 为何教育仍在抵制变化?

第 二 章

未来对下一代意味着什么

变化是生命的法则。那些沉湎于过去或停留于当下的人必将错过未来。

——约翰·F. 肯尼迪（John F. Kennedy）

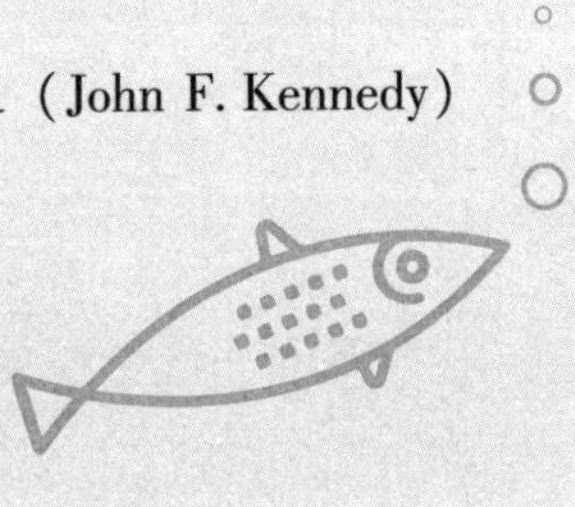

21 本章我们将探讨革新的步伐如何越来越快，过去的思维如何持续影响着当今的世界。在此之前，我们先讲一个发生在瑞恩身上的关于改变的小故事，这件事直接影响了瑞恩和他的孩子们。

22 **瑞恩对变化的看法，及他家孩子们的故事**

我有两个可爱的儿子，康纳和本。作为他们的父亲，我感到很骄傲。回想起这些年来，看着他们一点点长大，就好像在看一部慢放的电影一样。

康纳（我的第一个孩子）还在瑞秋（我亲爱的妻子）肚子里时，我和瑞秋就常常会想，这个小人儿将来会是什么样子呢？他会像我还是像他妈妈？仿佛片刻前我们还是一个刚刚组建的二人家庭，一眨眼间康纳就出现在我们的世界里了——一个脚指头都不少，还长着一头从他母亲那儿继承来的乌黑头发。

好似在一眨眼间，康纳又不知不觉长成了一个充满好奇心和活力的小家伙。他喜欢看《万能阿曼》，喜欢玩他的火车桌和乐高积木。他晚上不敢一个人睡觉，总是担心床底下藏着怪物。

害怕的时候，他就在卧室里高声呼喊“爸爸！”。我听到他的呼叫，就迷迷糊糊地起床，踉踉跄跄地走进他的房间，在他身边继续呼呼大睡，脚还悬在床外。

康纳五岁时喜欢上了游泳。在他的坚持下，我们给他报了一个游泳班，然后花了几乎整个夏天鼓励他参加游泳比赛。可是他在高压情况下常常会感到焦虑，轮到他游时，他紧张得不得了，心里满是恐慌，并且开始自我怀疑和犹豫，甚至哭起来。他练习跆拳道时也会这样。我们不得不带他离开一会儿，等他的心情平复下来。对他而言，连夺旗橄榄球这项运动也是一个不小的挑战。

2018 年康纳长得更快了。他的脸变得更瘦削，多年的体育活动让他有了小运动员般的体格。他也不会那么容易就陷入惊恐了。他对游泳充满了热情，同时也一直练习跆拳道，拿到了黑带一级。

当我回想起这些来，我常常慨叹时光飞逝。我亲眼看着降 23
临到我身边来的这个小男孩，居然发生了这么大的变化。康纳的成长是变化的生动写照。我们生活在一个瞬息万变的时代。时间都去哪儿了？为什么我明明知道变化就在前面等着我，却没能更早为迎接变化做好准备？

现代世界的陈旧观念

正如我们在康纳和本身上看到的，年青一代的代际差异正在加速扩大。屏幕青少年（自出生以来一直生活在互联网时代，十几岁到 20 来岁的青少年）、10 岁出头的孩子和 10 岁以下的孩子的想法和思维就大不一样了。相差 4 岁、3 岁甚至 2 岁的孩子在日新月异的数字世界里也已经有了完全不同的人生经验。因此，虽然同为数字时代成长起来的一代人，但是他们思考、处理信息和交流的方式大相径庭。

数字化时代的学生在学会写字之前就已经会打字了，他们使用键盘的机会要多于提笔写字。任何一个见过 2 岁的孩子玩 iPad 的人都知道我所言不假。信息技术和数字技术已经彻底渗透到年青一代的思维模式里了，他们的大脑结构和我们这些在“原始”世界中长大的人不一样了（Small & Vorgan，2008）。

数字化时代出生的人对使用数字化技术是习以为常的。iPad 算是他们使用的最原始的技术工具了。iPad 就像是他们的纸和笔，是他们体验世界的一大窗口。

而在模拟时代（相对于数字时代的一个概念）成长起来的人，在成长过程中由于很少接触互联网数字技术（可能当时还未出现），再加上社会组织结构的原因，往往具有本地化的特征。除了偶尔的家庭出游或探亲外，大多数模拟时代的孩子都在当地范围内活动，在当地交朋友、上学、玩耍、上饭馆、买东西等。他们大部分的青少年时代都是在出生地当地度过的。

他们在学校里的时间主要用来学习三门科目：阅读、写作和算术——每天 5 个小时，每个星期 5 天，每个学年 180 多天。他们被安排在教室里，整整齐齐地坐着，用着高年级同学传下来的旧课本，听讲台上的老师讲课。

高中或大学毕业后，他们会找一份工作，通常会在同一家 24
公司工作 20 年、30 年甚至 40 年之久。这种稳定性和可预见性正是瑞恩和伊恩成长的那个时代的一大特征。这代人的整个职业生涯几乎都在日复一日地做着同样的脑力或体力工作。1983 年的一项研究表明，45 岁及以上的员工中，有近三分之一在同一个雇主那里工作了 20 年甚至更久（Sehgal，1984）。现在的情况则大不一样了！

现代的职场环境与瑞恩和伊恩成长的那个时代相比，要不稳定得多。摆在我们面前的一个难题是，如今我们的社会、人民和劳动力都已不似往日，但我们的学校自 1893 年以来却基本保持着不变的结构（Wagner & Dintersmith，2015）。我们的学校还在为一个可预见的、稳定的，却已逐渐消逝的世界培养接班人。

横亘在我们面前的另一个问题是，未来的很多工作岗位，我们现在还无法设想得到，因为未来需要解决的问题尚未显露真容。这样说是有数据支撑的。20 世纪 90 年代以来，发达经济体中已有超过一半的新工作岗位是临时兼职或自雇用性质的（Pfeffer，2015）。实际上，美国有五分之四的新雇员工都是短期合同工。这种趋势在未来不会消退。研究表明，2017 年年底，全球有 45%的劳动力是临时雇员（Pfeffer，2015）。

现代职场所需的技能也在不断变化，这让未来的劳动力市场变得更加扑朔迷离。世界经济论坛（World Economic Forum，2016a）在《未来就业报告》中指出，50%的员工在未来的 3—5 年内将面临技能落后或遭到淘汰的危机。

很多学校和教育者在努力帮助我们的学习者为未来的生活、工作和学习做好准备。未来的职场对员工的技能要求将不断更新。下一章里，我们要花点时间思考一个问题：火箭、卫星、移动设备、脑科学研究、机器人手术、纳米技术和 GPS 等颠覆性科技正在改变世界的面貌，这样的世界会对教育提出怎样的新要求呢？

25 本章小结

本章我们谈到了老旧的思维模式将如何阻碍教育的发展。回顾这一章时，请确保你理解了以下要点。

- 数字化一代将面对的是与前几代人截然不同的世界。
- 理解某一漫长阶段内发生的变化实属困难，至少不易。
- 我们开始看到年青一代之间也存在着认知差异，这种代际差异很大部分源于科技的快速更新迭代。相差 4 岁、3 岁甚至 2 岁的青少年在日新月异的数字世界里也会有完全不同的成长体验。因此，他们思考、处理信息和交流的方式也会大相径庭。

自我梳理

- 为了让康纳和本这样的数字化一代更好地适应现代社会，我们的学校需要做出怎样的改变？
- 你是否注意到现在的学生在学习方式上和以前的你有所不同？差异在哪里？
- 你认为数字化一代的学生长大成人后将面临怎样的难题、挑战和机遇？

- 教育者、家长和决策者可以为革新教育系统做些什么？
- 如果你可以让学校做出一个改变，你希望这个改变是什么？其他人对这个改变又会持何种态度？

第三章

颠覆性创新时代的生活画卷

当今的世界正以迅雷不及掩耳之势向前发展，那些说“行不通”的人都被不信邪的实干家堵上了嘴。

——《普克》杂志①

① 该杂志的英文名称为*Puck*，它是美国第一本成功的幽默类杂志，以其彩绘卡通、讽刺漫画和政治隐喻而为时人称道，发行时间为1876年至1918年。——译注

27 本章聚焦于“变化”：儿女的变化、家庭的变化、社区的变化、世界的变化。在这个加速变化的时代，我们面临的最大挑战是变化的微妙性和不易觉察性。我们都知道世界正在经历大变，对一些主要的里程碑式的变革，如互联网和移动通信技术，大家都耳熟能详。但是，如果要我们仔细想想这些变革如何影响了我们的社会和家庭，以及我们的学习方式，就不容易确切
28 地指出是哪些地方发生了变化、是什么发生了变化。

在畅销书《颠覆课堂：颠覆性创新将如何改变这个世界的学习方式》中，作者克莱顿 · M. 克里斯坦森、迈克尔 · B. 霍恩和柯蒂斯 · W. 约翰逊（Clayton M. Christensen，Michael B. Horn，& Curtis W. Johnson，2008）向读者介绍了“颠覆性创新”这个概念。颠覆性创新是指从根本上改变了传统行事方式的创新，如云计算、大数据、基因工程、智能材料、社交媒体、生物技术、3D 打印、纳米技术、人工智能、虚拟现实和神经科学等，它们还只是 21 世纪涌现出来的颠覆性创新的一小部分。

颠覆性创新正在改变我们工作、娱乐、交流、生活以及看待他人的方式。本章我们将关注：颠覆性创新，数字化一代在未来社会生活和工作所需的技能，颠覆性创新将如何影响教育、全球新经济，还有当代教育的目的（见图 3.1）。我们要探索变

革的驱动力，多问几个“为什么”，这样才能在之后的章节中弄明白“是什么”以及“怎么样”。

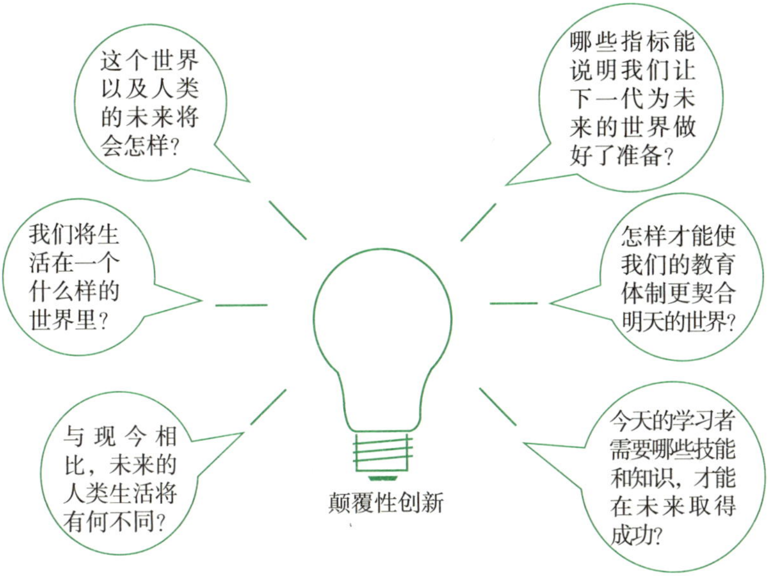

图 3.1　颠覆性创新让我们想到的一些重要问题

颠覆性创新如何带来改变

颠覆性创新所到之处，一切都要改头换面。而在一个社会以指数级速度发生变化的世纪，颠覆性创新也必会劈头盖脸而来。无论我们承认与否，颠覆性创新都实实在在地影响着我们生活的方方面面。本章开头就列举了位于创新旋涡中心的一些变革，它们正给世界带来急剧的变化：引起剧烈的经济转型；打乱原来的人口结构；引发深远的文化变革；对社区、家庭和教育的未来产生巨大的影响，让我们的世界在方方面面变得越来越全球化。颠覆性创新从根本上改变了世界的运转方式，老一代人几乎无从辨认出他们熟悉的世界模样。下面我们来仔细看看发生了什么。

29 很长一段时间里（一直到 20 世纪下半叶），工厂和工厂模式是主要的经济驱动力。这致使我们的社会也按工厂的模式来设计学校里的教学和学习。然而，20 世纪末以来，工厂模式以及与这种模式挂钩的工作岗位就逐渐消失了（Long，2016）。

这类工作之所以会在美国消失，是因为颠覆性创新的出现让世界上几乎任何地方的任何人都能从事和胜任这些重复性劳动。在 21 世纪，劳动力最便宜的地方是像中国这样的国家，以及越南、印度、孟加拉国和巴基斯坦这些工资水平更低的国家，而不是美国或欧洲地区（Amadeo，2017）。

在这些工作岗位大规模向外流失的过程中，有一类岗位是个例外。这类岗位是每个地方都必须有的，包括建筑和贸易行业的工作，如木工、水管工、电工、金属锻造工、卡车司机、矿工、伐木工、理发师、厨师、送货司机、汽修工、餐馆员工和清洁工等等。

每个地方都需要这些所谓的蓝领工人。尽管他们也要面临经济大环境的起起伏伏，但社会对这类工作是有刚需的。而白领工人就不一样了，社会对他们没有刚需。（本节后半部分将谈到，即使是蓝领工作也容易受到颠覆性创新的影响。）

白领工作正在加速从我们的经济中消失（Brown，2016）。之所以会这样，是因为功能强大、层出不穷的应用和软件正在颠覆传统的商业运作方式，并取消了白领工作存在的必要性。

利用数字化工具，更少的人可以完成更多的工作。即使没有这些工具，越来越多的企业也会选择将白领所做的工作外包给工资水平低的国家。白领员工的工作可以外包出去，是因为这些工作主要是我们所说的“常规认知型工作”。接下来我们会谈到颠覆性技术在常规认知型工作中的出色表现，技术的运用能将一些常规型工作进行解构和重构，使生产力实现自动化，不再需要人提供全职工作。

常规认知型工作

常规认知型工作即重复性脑力工作，如财务、税务、数据录入、电话呼叫中心、接待、服务台或客户支持，以及计算机编程和法律调研等。甚至分析核磁共振成像和 X 光片也是一种常规认知型工作。我们去（美国的）医院做的核磁共振成像或 X 光片，出来的分析报告很可能是由印度或巴基斯坦等低工资水平国家的人做的（Outsource2India，2016）。再往后，企业可能会把常规认知型工作交给机器人来做（Meltzer，2014）。这是 30
一种趋势，且随着创新技术继续颠覆我们的世界，它势必加速。在 21 世纪，做常规认知型工作的人不仅要与其他城市、地区或国家的人竞争，要与全球范围内大量成本更低而熟练度不相上下的劳动力竞争，还要与精密的机器竞争。

例如，在 UpWork 网站（www. upwork. com）上，雇主可以以项目为单位组建一个全球工作团队。这个网站上有数百万来自世界各地的私营承包商和自由职业者，他们提供各式各样的白领工种服务。伊恩和瑞恩的公司也在用这个网站上的服务。

我们在 UpWork 网站上提交了一份网页设计师的招聘广告，20 分钟之内就收到了来自世界各地的 230 多份应征函。最后，我们从中国北京雇了一个叫李伟的网页设计师。当然，我们需要雇的人也可能来自委内瑞拉、尼日利亚、科威特、新喀里多尼亚，甚至是地球上任何一个地方。数字时代的经济发展越来越依赖于一个以互联网为基础的全球人际网络。这种不断兴起的协作经济模式要求来自世界各地的工作者一起来解决某个问题，要求雇主能充分利用全球的人才资源，熟悉任务的执行需要哪些技能，然后找到最合适的人来执行。未来的就业者必须适应全球零工经济的趋势，就业将不再像以往一样，在固定的地点做固定的工作。

全球零工经济

在人们通常的认识中，交流和联络往往是局限于本地的某个范围内的，但颠覆性通信技术的出现让人际网络变得越来越全球化。这种全球化的交流和联络正在迅速改变以往的工作性质。美国以及很多其他地方的公司逐渐从拥有成百上千名固定员工转向雇用临时性员工，就像我们临时雇用李伟一样。

我们把这种新现象称为“全球零工经济”。工作的性质逐渐发生改变，更多的兼职、自由职业、网上职业、合同用工和临时用工开始出现。杰派罗·彼崔格里利、苏珊·J. 阿什福德和艾美·瑞斯尼斯基（Gianpiero Petriglieri，Susan J. Ashford，& Amy Wrzesniewski，2018）指出，“出于自身选择或形势所迫，约有 1.5 亿北美人和西欧人不再拥有相对稳定的工作岗位，而是以独立合同工的身份进行工作”。经济学家预测，未来会有越来越多的临时性劳动力（Hoque，2015）。

临时性劳动力不光指那些一次就做一份兼职的人，还包括
那些把兼职作为主要收入来源，同时做 2—4 份兼职工作的人。31
曾经一份全职工作就足以支持一个人一辈子的小康生活，那样的时代似乎正在接近尾声。

全球零工经济的出现和增长让就业变得不稳定，长期或全职的工作难以得到保证。许多国家迅速变成兼职性经济体，一系列的负面后果伴随而来，如就业和财政的不稳定、工作保障和长期福利的消失等。传统性的全职工作曾经成就了中产阶级，如司机、网站开发人员、法律工作人员、摄影师、会计和数据工作人员等，如今这类工作的种类要比以前少得多［“Generation uphill”（《代际攀登》），2016；Mulcahey，2016；Murray & Gillibrand，2015；Strauss，2017］。

我们现在所生活的世界、所依赖的经济跟以往相比大不一样了，这一点我们已经讲过，现在还要继续强调。未来劳动力的基本组织单位将不再是公司或企业，而越来越多地是劳动者个人。未来的情况更多的是工作找工作者，而不是工作者找工作。就像我们找到中国的李伟一样，一个工作岗位可以在任何时候找到任何地方的胜任者。颠覆性创新技术的运用让组织、管理和协同一个全球性工作团队成为一项简单的任务。不仅如此，自动化也在大规模颠覆传统劳动力。这些趋势还将继续下去。

现代的自动化劳动力

工作逐渐自动化是现代世界的另一个趋势。麦肯锡全球研究所的一份报告发现，雇主现在不仅在把工作外包（给另一个公司或另一个国家），还在转向自动化，而自动化的趋势不仅出现在工厂里（Manyika et al.，2017）。我们在亿客行（Expedia）网站上预订酒店或购买机票，在房利美（Fannie Mae）网站上输入抵押贷款号码，这些举动都在无意中让一些常规认知型工作者失去工作机会。还有法律类网站、税务筹划类网站、在线零售类网站等等。如果一个算法或代码就能代替人来执行某项工
32 作或任务，那企业自然更愿意用机器人、微芯片和软件，因为这样能更快、更好、更经济地实现产出。久而久之，被自动化代替的那份工作，甚至整个行业，都将永远消失。

美国的初级律师越来越难找工作，因为网上的法律类平台，如 IBM 的沃森（Watson）平台可以免费给人们提供法律建议，整个过程只要几秒钟，准确率高达 90%。相比之下，律师的准确率只有 70%。这一技术的影响是惊人的，意味着未来律师的数量将减少 90%，只有那些本领过硬的专业律师才不会被人工智能淘汰掉（Equitas，2016）。

再看看高盛（Goldman Sachs）发生的变化。2000 年，这家投资银行的交易大厅里有 600 名股票交易员，他们都是拥有高技能的高收入员工。而如今，这座大厅里只剩下 2 个交易员。原来的 600 个交易员被 200 个软件工程师代替了（Durden，2017）。

全球化经济下，80%的员工基本上只是各司其职，而雇主希望自己的员工不断了解其他生产工序，学习新的理念和技能（A. Smith，2016）。雇主越来越希望员工之间组成临时工作小组，协作处理主要依靠脑力而非动手操作能力来解决的工作任务。因此，大量工人必须大幅提高心智技能，才能利用颠覆性创新的力量提高生产力，只有动手能力或常规认知能力的人将惨遭淘汰。

21 世纪，越来越多的常规认知型工作将面临被淘汰的命运。随着人工智能的快速发展，计算机和机器人已经能比人类更快更好地完成信息分析的相关工作。受此影响的不仅有办公室的白领工作、工厂的体力工作，还有此前提到的蓝领工作。自动化已经取代了停车场服务员、售票员、餐馆工作人员和银行出纳员等工作。它的扫荡之势将不止于此。这场自动化革命将取代越来越多的工作，包括木匠、医生、飞行员、翻译和投资顾问等，而这些工作的出现在历史上也不过是近期的事情（Meltzer，2014）。

网上可搜索到一个“亚马逊仓库机器人”的视频（Mind Blowing Videos，2016）。这段视频中展示的亚马逊公司（Amazon）仓库是一个开阔整洁的厂房，地面上穿梭着各式各样的机器人，但几乎看不到人的踪影。这与传统工厂是截然不同的，甚至和 20 世纪末的厂房相比，面貌也已完全不同。

自动化的应用并不局限于生产行业。无人驾驶技术已经应用到了出租车、轮船、火车和飞机领域，但这个让人兴奋的技术可能会在卡车货运行业得到更快更广的应用。据摩根士丹利公司（Morgan Stanley）2014 年的一份报告，自动化驾驶技术可能会使（美国的）卡车司机减少三分之二［“The Elephant in the Truck”（《卡车里的大象》），2017］。

仅在美国就有 170 万名拖拉机拖车司机。其中长途司机在同等受教育水平的劳动力市场上享有比其他司机更高的工资。如果让这些司机失去工作，就是把他们推入困境之中（Rotman，
33 2017）。百威（Budweiser）的自动驾驶卡车“奥托”如果得到大规模应用，定会让卡车司机们面临巨大挑战（Uber Advanced Technologies Group，2016）。

即使是优步（Uber）这样拥有数十万名活跃司机的企业，也在斥数亿巨资研究无人驾驶技术，期待早日把人类从驾驶的差事中解放出来。据优步估算，无人驾驶汽车或将威胁或取代美国现有的 220 万至 310 万个工作岗位（Rotman，2017）。

不仅是汽车和卡车，火车、飞机、轮船和公共汽车等都是无人驾驶技术准备涉足的领域。以目前的趋势来看，我们相信无人驾驶技术将比历史上的其他所有技术创新，如轮子、火、电、过滤水和卫生系统都更具有颠覆性，因为它来势如此迅猛，影响范围如此之广。

这还只是驾驶领域而已。2017 年 7 月，亚马逊在西雅图开设了第一家亚马逊无人超市。该超市占地 167 平方米，顾客无须排队结账，甚至无须自己结账（Amazon，2016）。

这场自动化革命一方面将大量劳动力从体力劳动中解放出来，另一方面也使大量工作岗位永久性地消失。普华永道（PricewaterhouseCoopers，2015）曾在对牛津大学的一项研究进

行分析后指出，知识型工作的自动化程度越来越高，这意味着到2030年，全球范围内20亿个现有的工作岗位或将不复存在。该报告还指出，到2035年，44%的现有工作岗位将受到计算机和机器人技术的影响（PricewaterhouseCoopers，2015）。

教育若想帮助我们的下一代为面对即将到来的这个世界做好准备，就必须回答一个问题：当下的新型全球经济需要什么样的人才？

新型全球经济需要的人才

我们先停下来回顾一下此前谈到的种种变化。可能有些读者对这些内容并不买账，可能有些读者会感到不安，尤其是一想到这些变化对我们自身、我们的后代或我们的学生将带来不小的影响。但不论怎样，这都是我们要面对的现实。很多企业认为，要维持住自己在国内和国际上的竞争力，唯一途径就是吸引并留住新型全球化劳动力（velocityglobal，2017）。

这些变化不仅改变了劳动力市场的性质，也从根本上改变了劳动者在新型工作环境中所需的工作技能。据目前的趋势来看，那些需要别人持续进行管理和指导的人不仅将失去工作，也将失去工作的能力（Levy & Murnane，2013）。

颠覆性创新让工作的本质发生了根本性变化。瑞恩和伊恩把我们赖以生存的经济称为“$\frac{1}{2}\times2\times3$ 经济”。所谓“$\frac{1}{2}\times2\times3$ 经济”，即雇主将裁减一半的雇员，把工资标准上调到原来的两倍，同时要求剩下的一半员工利用数字技术、软件和机器人技 34

术创造出三倍的经济价值。雇主们认为会运用颠覆性技术的员工能够显著提升生产力。

我们要知道，现代劳动者与以往的手工业者有很大的不同，后者的工作主要是常规认知型工作。现代劳动者的工作内容高度专业化，有一整套复杂的技能要求，需要他们具备非常规认知能力。这就是为何受教育水平低的人鲜少能在现代化全球经济中占有一席之地。对技能没有太高要求，但能开出高薪的工作已经不复存在。今天的就业者只有一个选择：要么掌握高水平技能，要么拿最低工资（Dobbs et al.，2012）。

波音（Boeing）公司前董事鲍勃·休斯（Bob Hughes）曾在一次会议上说："干不用脑子的工作都只能拿最低工资。"如今，雇主们正在把那些不用动脑子的工作外包出去，或者变成自动化和交由软件执行。即使高技能员工，也要与那些来自低工资国家但拥有同等技术水平和同等受教育水平的工作者竞争。现代工作者的核心技能资产，体现在他们的创造力上，这一点应当对现代教育有深远的启示，我们将在接下来的两小节中进行详细阐述。

新兴创意型工作

我们来进一步探讨创意这个话题。理查德·佛罗里达（Richard Florida，2014）在《创意型工作的崛起》一书中分析了当今世界的就业趋势。佛罗里达将一个国家的劳动力分为四种类别：农业型劳动力、工人型劳动力、服务型劳动力和创意型劳动力。此处的创意型劳动指那些对思维技能有要求的职业。

思维技能包括领导能力、批判性思维、解决问题的能力、适应能力、产出能力、责任感、沟通能力、信息管理能力、创新创造能力、全球公民意识和协作能力。行业专业人士通常将这些能力统称为“21 世纪技能”或“现代学习技能”，我们将在第七章对其进行详细探讨。

如图 3.2 所示，1900 年有超过 40%的劳动力从事农业生产，到了 2017 年，自动化的运用使得这一比例降至 1%左右。机器取代了农民和牲畜，过去几十个农民和几百只牲畜才能做好的农活，现在由一个农民和一台机器就可以完成。无人驾驶的拖拉机甚至会最终取代农民，就像遥控无人机取代牧羊人一样。

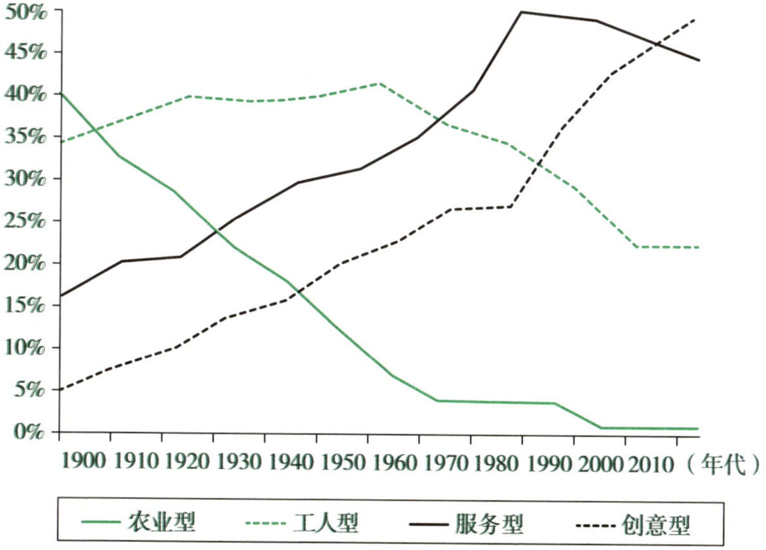

图 3.2　各类型劳动力占全球劳动力的比重

来源：根据佛罗里达（Florida，2014）的数据整理而成。

工人型劳动包括传统的制造业、卖苦力、渔业、伐木业和
35 采矿业。这些工作只需掌握一些基本技能就可以胜任。但随着经济发生根本性转变以及自动化的普及，这些基本技能将越来越不被这个社会所需要。

服务型劳动包括每个地方都有刚需的那些工作，以及服务行业，如酒店业和餐饮业的工作。这些工作属于常规认知型工作。从图 3.2 中可以看出，这类劳动力的占比在 1980 年代达到顶峰，而现在正稳步缩减。

最后一个类型是佛罗里达（Florida，2014）所谓的创意型劳动。创意型劳动者从事的是非常规认知型工作，需要在工作中不断运用更高层次的思维技能。从图 3.3 中可以看出，创意型劳动者的比例在 2008 年左右开始超过服务型劳动者，并且自 1980 年以来，两者是反向的变化趋势，前者呈现上升态势，而后者呈现下降态势。

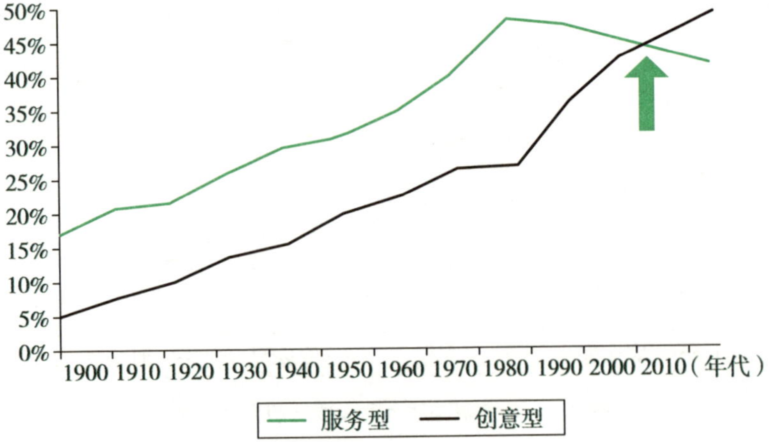

图 3.3　反向变化趋势

来源：根据佛罗里达（Florida，2014）的数据整理而成。

这种趋势始于1980年左右的个人电脑等数字化创新的爆发式增长，对劳动力产生了巨大的影响：技术在取代服务型工作的同时，也在催生创意型工作，因为创意型工作需要的是颠覆性技术还无法替代的精湛技能和专业积累。尽管未来几年的情况可能会有所不同，但到目前为止，技术只能增加社会对创意型工作的需求，未来的发展方向则需留待他日探讨。

如果将佛罗里达（Florida，2014）的图表转换成叠加的柱状图，就会出现图3.4。我们看到最下面的农业型劳动力数量在 37
稳步下降，而最上面的创意型劳动力数量在持续增长。仔细分析这些数据，就会明白为何我们要强调教育正面临重大挑战。接下来我们就进一步探讨这些挑战。

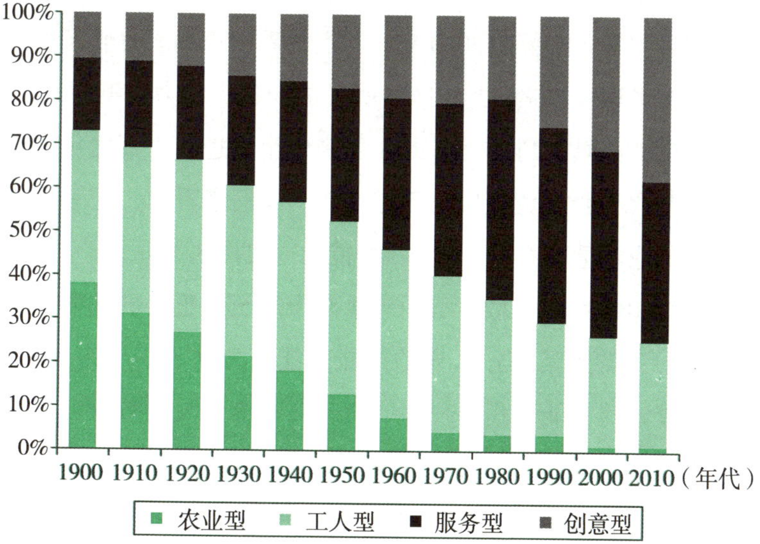

图3.4　劳动力结构变化

来源：根据佛罗里达（Florida，2014）的数据整理而成。

现代世界的教育

正如我们在之前的章节中所说，传统教育模式建立在一个与今日之经济模式、工作环境和生活方式都大不相同的社会。当时的世界上，四分之三的劳动力都从事与农业、自然资源和制造业有关的工作。他们的主要技能就是基本的读写能力、阅读能力、记忆能力、听从命令的能力，以及多数情况下都需要的体力劳动技能（Wagner & Dintersmith，2015）。

作为21世纪的教育者，我们的责任是帮助下一代做好准备，迎接一个全新的世界以及一个截然不同的经济状况——四分之三的劳动力将从事服务型和创意型工作。到2020年，创意型劳动力将占到劳动力总量的50%（Florida，2014）。

但我们不会停留在2020年，我们得看得更远。我们来预测一下佛罗里达（Florida，2014）所说的四种劳动力类型在2050年时的就业前景，到那时，2018届高中生将进入半百之年，今天的幼儿园小朋友也将接近不惑之年。我们来看看，这一预测启示我们应着重培养学生们的哪些能力（见图3.5）。

这张图背后的信息揭示了一些对未来至关重要的东西。我们的学习者需要具备什么样的技能才能充分立足于未来世界？为了发展这些技能，我们现在能做什么？鉴于大多数预言家的预测准确度都像猴子扔飞镖一样，要想准确预测所有会影响未来世界的面貌及其运作方式的因素是不现实的。

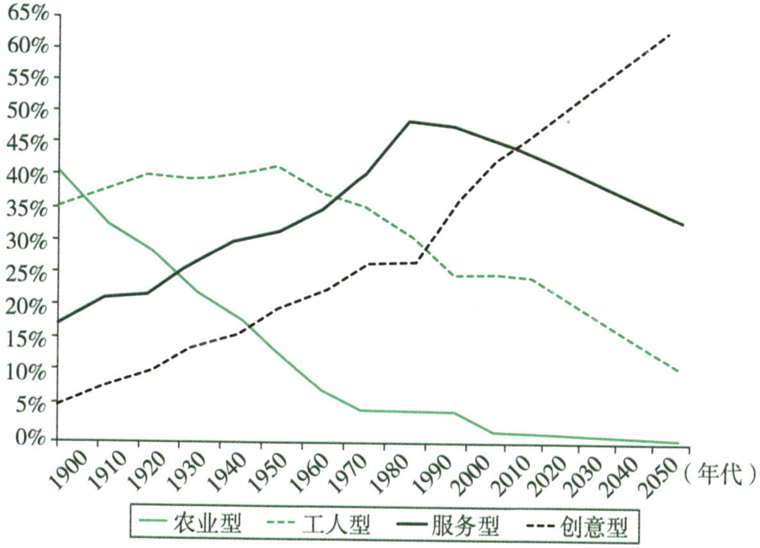

图 3.5　四类劳动力到 2050 年的就业趋势

来源：根据佛罗里达（Florida，2014）的数据整理而成。

种种变化对教育意味着什么

教育者面临的挑战是，虽然许多人都认识到了存在的问题，但当前的教育体系在很大程度上仍沿用着传统的结构、传统的组织形式、传统的教学方法、标准化的内容以及标准化的考试。在这种一贯做法的传统思维裹挟下，学生的独特性被教育抹杀，学生被塞进一个模具之中，教育者往里面灌输大量信息，并且期望学生照搬一模一样的正确答案（Kohn，2001）。

如果我们教育者表现得好像学生只要掌握了现有的课程， 38
记住了课程内容，在标准化考试中取得好成绩，就能从此走上人生的康庄大道，那我们就没有做到诚实，既欺骗了学生也欺骗了家长。理查德·埃尔莫尔（Richard Elmore，2006）的研究表明，学生在课堂上80%到85%的功夫都用在了记忆事实和低层次的程序性思维上。换言之，教师有80%到85%的课堂活动都集中在常规认知型任务上，而与这些任务相关的职业正快速被外包服务、云技术和自动化所取代，进而永远地不复存在。这对我们所有人来说都是一个严峻的问题。本节我们将探讨这一系列挑战，进一步了解现代学习者的特征、短时技能和长期技能，以及辍学问题。

前方的挑战

教育者甚至整个社会面临的难题是，那些既容易教又容易
39 测试的技能，往往是最容易被自动化、数字化和外包所淘汰的。我们不应该再用考试成绩的高低来衡量学生的成功与否，因为只有唯一正确答案的考试只能扼杀而不能发展学生的思维能力。如果以考试成绩论高下，学生即使能够拿到毕业证书和资格证书，仍会有很多人缺乏深思熟虑和积极参与社会事务的基本能力，缺乏在变动不居的经济环境中谋到并维持一份好工作的能力。劳动者的价值已经不再取决于他们脑子里装的东西，而是取决于他们自我学习、融会贯通以及实践运用的能力。

现代学习者的特征

我们经常听到政治家和商界人士提及个人主义、自主性和首创精神的重要性。我们欣赏创造力、创新力和应变力。我们

赞美那些自我奋斗的人、独立思考的人、为实现目标宁愿舍弃学业的人。我们知道，重视并利用个体的独特优势是成功适应这个颠覆性时代的关键。但与此同时，我们的教育还延续着上个世纪的样子。上个世纪的教育是标准化教育，它让那些不愿意循规蹈矩的人被边缘化。

我们的学校教给下一代的东西和这个时代对下一代的要求有着日益加深的鸿沟。教育者要从现在开始为新时代的学习做好准备，以下是我们分享的一些建议和方法。

如何从现在开始培养面向未来的技能和思维习惯

- 订阅以未来为关注点的期刊、博客或在线论坛，如奇点中心（https://singularityhub.com）、世界经济论坛（www.weforum.org）以及 TED 视频（www.ted.com）等。
- 加入专业的学习平台。
- 参加网上的现代职业发展项目。
- 关注并阅读相关领域作家的作品，如盖瑞·施塔格（Gary Stager）、约翰·梅迪纳（John Medina）、托尼·瓦格纳（Tony Wagner）、彼得·戴曼迪斯（Peter Diamandis）、丹尼尔·平克（Daniel Pink）、杰森·奥尔勒（Jason Ohler）、阿尔菲·科恩（Alfie Kohn）、肯·罗宾逊爵士（Sir Ken Robinson）、苏格塔·米特拉（Sugata Mitra）以及黛安·拉维奇（Diane Ravitch）。

40 我们将在第四章详细介绍现代学习者的特点，并在接下来的几章重点阐述如何利用这些特点推导出现代学习者在未来必须具备的核心技能，以及如何据此改进我们的教学。

短时技能和长期技能

学校工作的重心长期以来都放在培养短时技能上。所谓短时技能即记忆特定内容或学习特定步骤。我们的教育体系一直被标准内容、学习目标、课程、课本和进度等充斥着。习题和考试文化占据了主导地位，包括高风险的标准化考试、摸底考试和课前测验。但这些考查的都是短时技能，在这个颠覆性创新和超量信息（任何人都可以随时随地通过数字化设备获取大量信息）的时代，它们很快就会变得无关紧要。

现代社会的零工经济，对长期技能的要求要高得多。长期技能才是现代社会需要的学习技能。它们不仅现在重要，50 年后，当我们的学生即将退休的时候，这些技能仍然重要。长期技能不存在失效期，若干年后它们也能和今天一样奏效。我们将在第七章讨论这些长期技能。

辍学问题

据我们观察，现在有不少辍学的学生，即使在读的学生中也有不少人已经在精神上脱离了学校（Dillon，2009）。虽然在美国和加拿大，2009 年以来这一情况已经略有改善，但仍有一些地方的青少年高中毕业前辍学率达到 10%、20%、30%，甚至 50%（Associated Press，2008）。有些人认为辍学没什么大不了，但辍学带来的负面社会影响却是实实在在的：贫困率上升，二次犯罪的可能性更大，成为单身母亲的可能性更高，监狱、福利、食品和医疗卫生制度上的公共支出上升（Amos，2009）。辍学带来的这些负面社会影响，关系到我们每一个人！

实际上，不仅高中生在辍学，那些完成了高中学业并继续接受高等教育或职业教育的大学生也在辍学。数据显示，几乎有一半正在接受高等教育的大学生会选择辍学（Weissmann，2012）。韦斯曼（Weissmann，2012）的研究还发现，高校辍学率在某些情况下与高中辍学率一样不堪直视，甚至更加糟糕。

无论受教育水平如何，一个人的终身学习技能，如批判性 41
思维、解决问题的能力、创造力、沟通和协作能力正越来越受到社会的重视（World Economic Forum，2015）。之所以有很多学生选择辍学，是因为他们越来越强烈地意识到学校里的传统教学内容、教学方法和标准化评价方法与当今世界日新月异的生活、工作和学习完全脱节了（Gould & Weller，2015）。

新型全球经济下的职业生涯

21 世纪的全球经济就像一场饥饿游戏（Collins，2008），每个人都在拼命，每天都在上演不确定性和不稳定性，规则总是在变，竞争总是你追我赶。前几代人可以靠年轻时学到的东西支撑起整个职业生涯，但到了数字时代，我们无法再想象一个员工到了 40 岁还只在一家公司从事过一份职业。对我们这个时代的大多数人而言，从一而终的稳当职业模式已经成为过去。

公司和员工的表现越来越传递出一个信息，那就是天下没有不散的筵席。如果你依然追求永远不变的忠诚，不如养一条小狗吧。很多人都听过这种说法：现代人的一生会从事 4—7 种职业。我们觉得这还是保守的估算。21 世纪数字化的大背景下，这个数应该会有 10—17 之多，而且没算上属于同一个行业的不同职业（Doyle，2017）。实际上，数字化一代在他们所从事的每个岗位上的平均在职时间只有一年半到三年（Carter，2016）。

伊恩的女儿肖娜是一位事业上非常成功的女性。30 多岁的她已经从事过 10 种不同的职业，从银行职员到市场营销，到制药，再到电信领域。借助肖娜的例子，我们想强调的是，她的职业经历正日益成为当今社会的常态。

而其中的挑战在于，多次更换职业意味着员工要在职业生涯中多次刷新自己的知识储备。

42 我们不应把现代职场人频繁更换工作看成失败、没有恒心或缺乏自律的表现。相反，作为教育者，我们应该有目的地培养学生不断规划自我职业生涯和自我思考的能力。下一步要怎么走？明天的我、明年的我需要学习什么新的技能？如何把我的长处最好地运用和发挥出来？若干年后会发生什么？

现在的学习者已经无法通过青年时期的一次受教育经历就获得一生所需的知识和技能了。在我们所生活的这个时代里，想要在知识富人和知识贫民的边缘地带求得生存，就必须保持终身学习。

关于终身学习

可以确定地说，今天的学生们离开学校时所学到的知识在10年或20年后就没有用了。畅销书《世界是平的》的作者托马斯·L. 弗里德曼（Thomas L. Friedman，2006）指出，学生在大学取得成功所需的技能与离开大学后在生活和工作中取得成功所需的技能是不同的。托马斯认为，拿到一个四年制的学位并没有太大意义，而且投入的时间和金钱也并不划算，因为等到学生毕业时，他所学习的这个领域很可能已经发生了根本性的变化。他认为我们应当把重点放在获得“微证书”和“微学位”上，这些证书和学位只需半年到一年就可拿到。终其一生，我们要用到的不仅是大学时代学来的那些有限的知识，而是四五十年职业生涯里不断学习、重塑以及再学习的无限的知识。

颠覆性创新正以惊人的速度改变着职场必需的技能。世界经济论坛的一份报告（World Economic Forum，2016b）中引用了一项脍炙人口的预测：学生在攻读四年制技术学位的第一年获得的学科知识中，有近50%将在他们毕业后过时。这意味着继续学习在职场中必不可少，而且每年都要学习。可见，个人和组织要想免于被颠覆性变革所淘汰，唯一的办法就是终身学习。

新型数字鸿沟

人们一直以来都把数字鸿沟视为贫富差距的一部分。但现如今数字鸿沟正日益成为教育差距的一部分——知识富人和知识贫民之间的差距。要在创新驱动的经济环境中取得成功，我们需要的不仅是读写和计算等传统技能，更需要协作、创造力、解决问题等核心能力，以及毅力、好奇心和主动性等品质。

当代教育的目的

我们必须要强调一点，教育的目的不仅是让年轻人在工作岗位上表现出色，它还包括社会、学术、文化和智慧等各方面的发展，这些是数字化一代有朝一日成为对社会有积极贡献的公民所需要的素质。这两个方面之间不是非此即彼、不可共容的关系。教育要让年轻人为生活、工作和社会责任同时做好准备，让他们不只考虑个人生计，而且将全世界人民的集体利益放在心上。

越来越多的雇主只根据员工的能力和价值来支付工资，这与过去相比是个显著的变化。约书亚 · 戴维斯（Joshua Davis，2013）的研究显示，1970 年《财富》评选出的五百强企业最需要的三种技能是阅读、写作和算术，而在 2013 年，这些企业最需要的三种技能变成了团队合作、解决问题的能力和人际交往能力。

任何一个国家最重要的人力资源都是受过高等教育、有专业技能的终身思考者和终身学习者。他们的教育经历赋予他们一种最重要的能力，那就是在必要的时候用必要的知识重新武装自己。

本章小结

本章我们谈到了颠覆性创新，以及颠覆性创新将给未来工作环境带去的巨大改变。回顾这一章时，请确保你理解了以下要点。

- 克里斯坦森等人（Christensen et al.，2008）认为，颠覆性创新从根本上改变了传统行事方式。数字技术、云计算、大数据、基因工程、智能材料、移动商务、社交媒体、生物技术、3D 打印、纳米技 44
术、人工智能、机器人和神经科学等领域的创新正在颠覆人们的工作、交流、生产和服务方式。
- 颠覆性创新让几乎任何地方的任何人都有机会从事多种工作。这些工作往往是常规认知型工作，即重复性脑力工作。
- 现代教育诞生之初时的经济、工作环境和生活方式都和眼前的社会有着天壤之别。那是个一眼望得到头的时代。而当代颠覆性创新的出现，要求教育者把精力放在培养现代社会生存与发展所必需的技能、知识和思维习惯上。
- 很多学校把教育重心放在培养短时技能上，侧重于对特定内容的记忆或零散的程序性知识学习。而长期技能才是现代社会所需的学习技能，它不会过时，今天有用，明天仍然有用。
- 教育若想在新的数字化时代与时俱进，若想履行教育为未来计的使命，就必须做出根本性的改变，把真相告诉学习者，教给他们（这些人有朝一日也将成为 21 世纪的公民、父母和劳动者）在新时代取得成功所需的技能，给予他们学习的机会。

自我梳理

- 有哪些公司或产品因为受到了颠覆性创新的影响而被市场或消费者淘汰了？
- 根据理查德·佛罗里达（Florida，2014）的研究，哪种类型的工作在增加？这类工作的未来趋势是什么？为什么教育者需要了解现代劳动力发展的新趋势？

- 为什么思维技能对现代和未来的劳动力都至关重要？
- 为什么长期技能在未来的工作中会占据主导地位？
- 放在以前，如果一个人一生从事过 10—17 种工作，老一辈的人会怎么看他？今天我们为什么要打破这种观念？

第四章

数字化一代的九大学习特性

不要用自己的学识限制孩子，因为他出生在和你不同的时代。

——谚语

45 当今教育者面临的一大难题是，他们的教育对象从出生伊始就生活在一个与之前完全不一样的世界，一个可以随时随地获知任何人和任何事的世界。电子游戏、视频网站、短消息、推文、各种社交媒体，以及其他种种互联网大餐构建起了数字化一代的特殊生活体验，他们的脑神经结构在这些体验的刺激
46 下不断形成新的联结。科学家的最新研究表明，大脑的结构远比我们原以为的更具可塑性，环境的刺激、不同的经历以及情绪的变化都在不断地影响并重新塑造着它（Costandi，2016；Doidge，2007；Kolb，Gibb，& Robinson，1998；Medina，2008；Small & Vorgan，2008；Willis，转引自 Sousa，2010）。我们将这种现象称为“神经的可塑性”。

伊恩、瑞恩和同事妮基·莫汉（Jukes，Schaaf，& Mohan，2015）在《重新定义学习：数字化一代的学习策略和应用程序》一书中明确了数字化一代的九大学习特性。这些特性并非丝毫不差地体现在所有数字化一代青少年身上。诸如机会、文化、社会经济、地域、个人经历或专业经验等因素会极大影响这些学习特性的发展。接下来我们就对这九种学习特性做一个概括性的介绍。每总结完一种，我们会就相关的策略、资源和 App，给教育者提出相应的建议。

数字化一代的九大学习特性

1. 倾向于从多种数字渠道获取信息。

2. 倾向于并行处理或同时处理多个任务。

3. 倾向于在处理文本信息之前先处理图像、声音、色彩和视频信息。

4. 倾向于同时与多人进行协作和沟通。

5. 阅读纸质文本或网页文本时往往会无意识地进行快速阅读。

6. 倾向于适时学习。

7. 希望得到即时满足和即时奖励，但也伴随着延迟满足和延迟奖励。

8. 能在数字世界和现实世界之间自如切换。

9. 偏爱既有用又有趣的学习。

学习特性1：倾向于从多种数字渠道获取信息

现代学习者获取知识的途径不再局限于按一定进度缓慢进行的课堂授课、课上讨论、当堂测验、课本研习等形式，“Siri”
等智能助手如今也成了学习者求教解惑的帮手。在这个信息超 47
载的时代，掌握一定的筛选和批判性分析数据的技能十分有必要，这样才能在庞大的数据网络中过滤掉无用的信息，定位到我们需要的信息（Partnership for 21st Century Learning，n. d. ）。

对互联网进行有效利用，要求学生和教师都具有必要的信息辨别能力，能够区分网络资源中的有用信息、错误信息和虚假信息。教育者要以多种方式、从多种角度将信息展现给学习者，这是把学习者放在学习的主体地位、训练他们分辨信息的关键一步。

如何在教育中利用学习特性 1

许多教学策略、App 和互联网工具都能帮助教育工作者把数字化一代的学习特性 1 利用起来。

1. 网络专题探究课程（如 WebQuests）。这种课程让学习者利用教师精选出来的资源和信息进行在线研究，并解决实际问题。这种基于问题、基于产品和基于探究的学习模式能促进以学生为本的教学、学习和评价。

2. 电子书。学习者可以用电子书进行深入阅读和研究。虽然目前市面上大部分电子书都只是纸质书的简单数字化呈现，但一些新功能也慢慢出现了，如自定义生词表、深入探究文本中高亮显示的重点主题、观看演示文稿和视频、操作虚拟对象，甚至参加论坛讨论。读者在阅读电子书的过程中能创造出个性化的学习路线图，他们可以从头到尾地阅读，也可以停下来深入研究某一个主题。

3. 笔记类 App。用户可以在印象笔记（Evernote）、谷歌 Keep 和微软 OneNote 等笔记类 App 上对生活和学习进行有效的组织管理。印象笔记这个应用受到了很多用户的欢迎，因为它在各大主要应用商店和网站上均可免费下载，用户可将文本、超文本、音频、视频、图片和文件等内容输入笔记中，并将这些笔记整理到一个更大的文件夹中。印象笔记还结合了浏览器的插件功能，用户可一键保存整个网站（包括功能性超链接）。

学习特性 2：倾向于并行处理或同时处理多个任务 48

父母走进孩子的房间，很有可能会看到这幅场景：孩子一边听着音乐（耳机挂在脖子上，里面传出音乐的嗡响，手臂还跟着拍子比画），一边在电脑或平板电脑上做作业、看视频、发消息、下载图片或浏览网站，还同时和两个人聊着天——一个是素未谋面的网友，另一个是昨晚一起参加聚会的好友。另一边的电脑屏幕上是摁了“暂停”的《愤怒的小鸟》。对上一代人来说，这个场景可能有点“雷人”。这个孩子难不成有三头六臂，可以同时做这么多事情？但你要是打听一下，会发现这么忙碌的他们其实仍然觉得无聊。

约翰·梅迪纳（John Medina，2008）在《让大脑自由释放天赋的 12 条定律》一书中指出，一心多用的人的注意力和效率不如那些专注于一个任务的人。或许上述那个小孩会不同意这个观点。但梅迪纳认为，从生物学角度上讲，人类不具备同时处理多通道信息输入的能力。上面那个小孩其实并不是在一心多用，而是持续性分散注意力——在不同的任务间随意切换，随性决定下一步要做的事情，然后将注意力时间缩短（Medina，2008）。虽然数字化一代无法同时处理多个对认知能力有要求的任务，但对于那些习以为常的或者不需要认知能力的任务，他们是可以同时完成的。即使是我们这些上一代的人，也时常会处于持续性分散注意力的状态——我们在开车的同时也听早间广播、思考工作问题、读广告牌、和同行人讨论哪家餐厅菜品更好吃等等。

数字化设备的使用逐渐取代了低阶思维。数字化一代可以在网络上进行信息检索，即时获取超量信息，这让他们的思维
49 能力得到大大提高（Heick，2018）。数字化设备正迅速取代人类大脑的一部分记忆，同时也解放了大脑的一部分认知功能，用来处理更高层次的思维任务。正因为现在的学习者能够主动、即时地获取信息和资源，他们才可以把更多时间花在学习过程上，而不仅仅专注于最终的学习成果。这些能力和品质是现代社会需要的基本素质，世界经济论坛（World Economic Forum，2015）曾着重讨论过它们的重要性，我们将在第七章做进一步论述。

另一方面，我们也越来越担心下一代会沉迷于互联网世界而无法自拔。虽然相关领域的研究还相当有限，但研究人员发现，父母和教育者确实有必要对子女和学生使用媒介的行为进行监管（Domoff et al.，2017）。

如何在教育中利用学习特性2

教育者要尽量让学习者的多任务间切换维持在最低程度。如果需要学习者同时处理多个任务，就应该给他们安排一些对认知能力要求低或已经熟练掌握的任务。

1. 安排团队协作任务。将学习任务分配给小组成员，让每个小组的不同成员去完成不同的任务。虽然学生个人不是直接参与多项任务，但这种合作模式能将任务和目标分解成更小的模块来完成。

2. 允许学生使用智能设备获取信息。在信息匮乏的情况下，很多学校项目和教学活动会停滞不前。允许学生使用智能设备（按键、手势命令或语音命令）获取学习过程中所需的信息，有助于项目和活动的顺利开展。

3. 使用将语音转换成文本的应用程序。使用语音识别软件能让学习者更高效地记笔记、写论文或用语音对设备进行控制。这大大提高了学习者的学习效率，让他们能在互联网环境下同时处理多个任务。

学习特性3：倾向于在处理文本信息之前先处理图像、声音、色彩和视频信息

文本中的图片最开始只是为了补充文本的信息，是配角。然而，由于数字媒体技术的发展和普及，数字化一代是在一个

视觉化传播的环境中成长起来的。图像可以快速传达意义。布尔马克（Burmark，2002）认为我们的眼睛处理图像的速度比处理文字的速度快 6 万倍。数字化一代从小就接触电视、电脑、
50 平板电脑、视频和电子游戏等现代科技文明的产物，拥有丰富多彩、表现力强、高质逼真的视觉、听觉和触觉体验。照目前的趋势来看，我们预计在不远的将来，科技赋予人类的感官体验或将囊括视、听、味、触、嗅五种感觉（Bloom，2013）。但这些感官体验很少包含有文本信息。这也是为什么相比于文本信息，数字化一代更倾向于处理图像、声音、色彩和视频信息。这些是他们已经习以为常而且每日都要接触和处理的媒介信息。

如何在教育中利用学习特性 3

1. 用好图片。教育者可以利用数字化一代偏好视觉感官这一特点，在他们的教学内容中添加视觉媒体信息。但是，这些学习者可是与视频游戏、高清电视、笔记本电脑和平板电脑为伴长大的，要吸引他们的注意力，老师们使用的视觉媒体必须足够引人入胜。

2. 用好视频资源。视频是一种强大的教学资源，尤其是对数字化一代的学习者而言。YouTube、TeacherTube、可汗学院和 TED 上有各个学科领域多达数百万个高质量的教学视频可供利用。

3. 教学生做图像笔记。另一个有助于学生在课堂上消化内容和知识的有效方法是鼓励他们结合图像做笔记。得克萨斯州农工大学的神经科学教授 W. R. 克莱姆（W. R. Klemm）认为，用图像思考并将它们串连成“故事链”能极大扩充学习者的记忆容量。图像笔记有助于将脑海中的故事链变得更加具象化（Klemm，2014）。

学习特性 4：倾向于同时与多人进行协作和沟通

20 世纪的传统教育实践是先让学习者独立学习，然后再让他们与其他同学一起进行知识探究。对上一代人来说，合作学习并非必要，因为那时候沟通能力并不太重要，而今天的数字化一代就必须掌握这种能力了。上一代人小时候在校门以外与 51
朋友和同伴的交流，常常仅限于面对面交谈或电话联络。而数字化一代的学习者在成长过程中则有各种各样与彼此沟通的方式，他们可以使用数字化工具随时随地与他人进行联系。

数字化一代的人是高度社会化的，这种社会化与前几代人的社会化还有所不同。台式电脑、笔记本电脑、平板电脑、智能手机、蓝牙、Wi-Fi、视频、图片社交、视频社交、网络电话、博客、微博、各种社交网络平台，以及不计其数的其他互联网工具的应用，让现在的学习者不仅可以独立学习，还可以结伴学习。事实上，能够在虚拟团队和现实团队中进行顺畅沟通与协作，正成为一项越来越重要的技能（Satel，2015）。

如何在教育中利用学习特性 4

现实世界和虚拟世界里都有很多可供学习者交流与协作的机会。

1. 帮助学生成为更好的团队合作者。培养学生身上的团队责任感，帮助他们学会创建一个角色平等的团队，并赋予他们担任团队领导者和团队贡献者的机会（World Economic Forum，2015）。

2. 运用协作性云平台。网盘等云存储平台是虚拟协同工作空间的理想平台。实际上，伊恩和瑞恩（两人相距 4500 多公里）在协作编写本章内容时就使用了谷歌网盘、谷歌文档和谷歌群聊等协作平台。这样的协同合作并不局限于文字编辑。学生还可以一起创建在线演示文稿，一起创建在线电子表格或数据库，或者一起在线设计某个调查问卷。

3. 使用笔记类 App 组织内容和管理项目。笔记类 App 允
52 许用户创建包括格式化文本、网页剪报、照片、语音备忘录、手写输入字或文件附件等在内的笔记内容。用户可以对笔记进行分类、标记、注释、编辑、评论、搜索、导出和共享。学生可以轻松利用这些功能来创建虚拟工作空间，并将笔记整理成系统的工作轨迹。

学习特性 5：阅读纸质文本或网页文本时往往会无意识地进行快速阅读

由于长期以来海量数字资源的狂轰滥炸以及由此导致的对数字资源进行快速浏览、扫描和搜索的习惯，数字化一代发展出了一种新的阅读模式。电子屏幕和网络内容大量扩散之前的传统图书阅读者采用的是 Z 字形阅读模式（Bradley，2015）。所谓 Z 字形阅读模式是指视线从页面的左上角开始，沿着这一行往右，直到读到行尾，再斜向下移到下一行的开始，再往右读到行尾，如此反复（见图 4.1）。

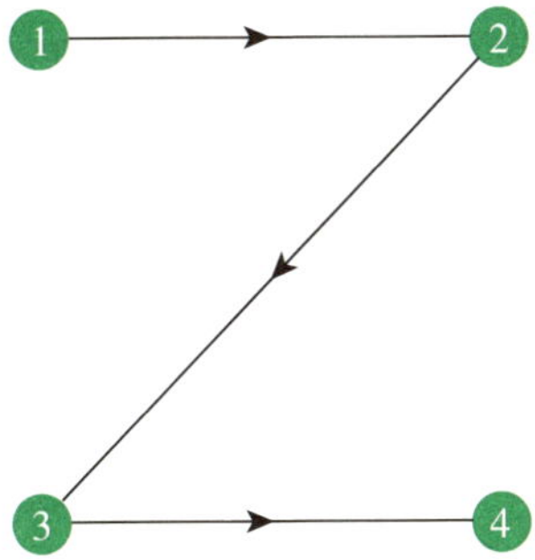

图 4.1　Z 字形阅读模式

来源：布莱德利（Bradley，2015）授权使用。

而数字化一代长期接触的是数字化阅读格式，包括社交媒体页面、网页、平板电脑屏幕、智能手机屏幕、电子书和视频游戏等，导致他们的阅读方式和上一代人大不一样［Bradley，2015；“Keeping an Eye on Google”（《提防谷歌》），n. d. ］。

他们在阅读时，视线首先扫视的是页面的顶部，然后是页 53

面的边缘，最后才是页面本身，这就是所谓的 F 字形阅读模式或快速阅读模式（见图 4.2）。

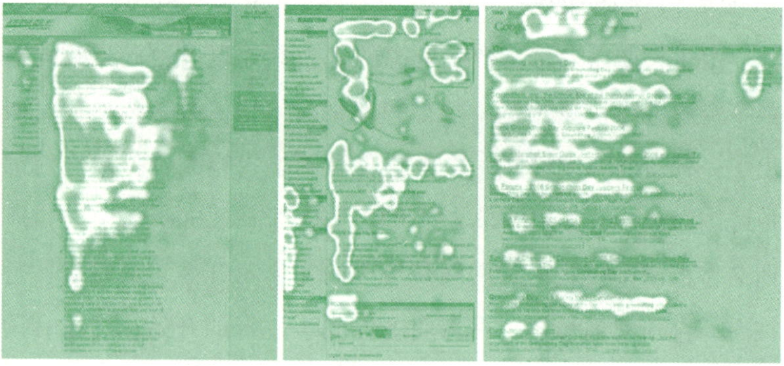

图 4.2　F 字形阅读模式下的红外线热扫描

来源：阅读网页内容时的 F 字形阅读模式（Jakob Nielsen，2006 - 04 - 17，http：//www. nngroup. com/articles/f-shaped-pattern-reading-web-content）。

快速阅读时发生的认知行为过程如下。

1. 首先，阅读者的视线从左上角水平向右移至右上角，这一过程构成了 F 的上面一横。

2. 接下来阅读者的整体视线稍微向下移动，并再次从左向右水平移动，不过这一次的水平移动比前一次的距离更短，覆盖范围更小。这一过程构成了 F 的下面一横。

3. 最后，阅读者的视线垂直向下扫视页面的左侧内容。这个过程有时缓慢而有条理，在眼动跟踪热扫描图上显示为一条实线。有时则很快，在热扫描图上显示为点状。这一过程构成了 F 的一竖（见图 4.3）。

消费模式的不一样并不是现代学习者身上的唯一变化。随

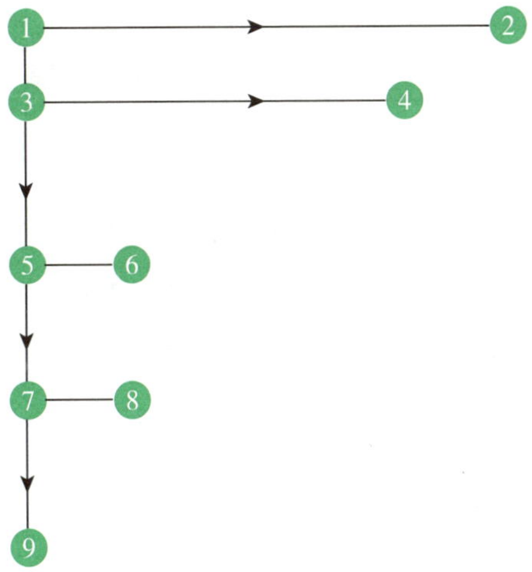

图 4.3　F 字形阅读模式

来源：布莱德利（Bradley，2015）授权使用。

着数字媒体的出现，阅读也发生了翻天覆地的改变。无论孩子还是大人，阅读网页的方式和阅读纸质读物的方式都和以前大为不同。这是因为纸张上的文字和电子像素之间、线性阅读和滚动屏幕及超链接之间存在根本性的区别。

阅读纸质读物时，读者的注意力往往跟随着文本。而在屏幕上划动电子内容时，我们的阅读速度往往会比一页一页翻动纸质书页时更快，理解也更浅（Konnikova，2014）。

笔记本电脑、平板电脑或智能手机等电子阅读媒介的使用加快了我们的阅读速度。电子屏幕的读者倾向于对内容进行浏览和扫描、寻找关键词，以一种更不连续和更有选择性的方式阅读，而很少停下来进行思考。这一点将影响学习者深度阅读的能力。

如何在教育中利用学习特性 5

1. 精心选择阅读内容的呈现形式。依据你给学习者设定
54 的阅读任务来决定是用纸质资源还是电子资源。需要学习者深入分析的文本，最好使用纸质资源。而需要学习者在阅读之后再进行研究的文本，则最好使用数字的、基于网络的资源，以便进行快速检索、访问超链接、跳读和略读。

2. 理解 F 字形阅读模式。从阅读纸质材料转向阅读电子资源后，跳读就成了一种新的阅读方式。因此理解现代人的 F 字形阅读模式对设计出具有吸引力的、能让读者读完整个页面，而不是只读某一部分的阅读材料，有着巨大的意义。

3. 有策略地添加图像。无论纸质内容还是电子内容，都可加入图像。我们的大脑处理图像的速度要比处理文本快得多，在文本中添加图像有利于吸引读者的注意力，使读者更易接纳文本的主题。由于 F 字形阅读模式倾向于避开页面的底部和右侧，因此在这些部位添加图像能让读者浑然不觉地把视线更久地停留在页面上。

学习特性 6：倾向于适时学习

传统的学校教育采用的是“有备无患”的思路。学习者学习大堆的定义和概念，是因为这些概念有朝一日可能会出现在

试题中，要把它们都学会才能取得好成绩，或者因为他们长大后可能需要用到这些概念和知识。然而，正如我们在第二章和第三章中所说，世界已经发生了本质性的变化，而且每天仍在发生更大的变化。全球经济催生了新的劳动力分工，只有那些能够使多种信息渠道为己所用并迅速做出精明决定的人，才能在新时代“吃得开”。而那些缺乏现代世界的研究精神和批判性思维能力的人注定将被淘汰。我们的学习者正迈向一个全新的工作环境，他们得不断提升自己的技能，不断学习、吸收、再学习，如此才能在职场生涯中与时俱进，避免被淘汰；而若想要始终走在时代前列，就更是非如此不可。

因此，要想帮助学习者取得成功，学校必须做出改变，必须采用一种“适时”（just in time）的教育——适时地学习一项新技能，适时地完成一项新任务，适时地解决一个现实问题，适时地找到一份新工作，或者适时地追逐一份新的激情。适时学习作为一种教学策略，可以使学生利用课堂活动和课下任务 55
之间的反馈更好地为课堂活动做准备。适时学习的目的是强化课堂内的学习，提高学生的积极性，鼓励学生为课堂做好充足准备，并允许教师随时调整课堂活动，以便更好地照顾到学生的个人诉求（Macey，2017）。我们将在第五章详细探讨适时学习这一概念。

如何在教育中利用学习特性 6

1. 利用基于场景的教学。基于场景的教学“使用交互式场景来支持问题导向或案例导向的学习”（“Scenario-Based Learning”《基于场景的学习》，n. d.）。适时学习要求学习者具备来自真实世界的学习需求或内在的学习动力，而利用教学场景能让他们对学习背景有进一步的理解，从而更好地掌握新信息或新技能。

2. 利用网络视频作为适时学习的资源。视频主播平台，如 YouTube 和 Vimeo 的出现，为参与性文化提供了土壤，更多的用户开始贡献内容而不仅仅是消费内容。一个想学习如何换轮胎的人可以在网上找到相应的视频，一个要分析马丁·路德·金“我有一个梦想”演讲的学习者可以在网上找到该演讲视频，一个想边看影视作品边学习莎士比亚著作的学习者可以在网上搜索到相应的资源。这些平台将信息以视频的形式即时传送到学习者的设备上，帮助他们适时学习一项新技能，适时发掘一份新热情。学习者不仅是视频的观看者，他们更通过视频信息学习到了新技能，还能参与解决现实世界的问题。

3. 利用好“第二大脑”。数字化设备既是福也是祸。尽管学习者很容易因使用数字化设备而导致注意力分散，但设备确实让他们能够即时与全世界相连通，在数据的海洋里进行快速检索，收集和筛选多种信息和资源。

学习特性 7：希望得到即时满足和即时奖励，但也伴随着延迟满足和延迟奖励

现代学习者成长于一个数字化的世界，这个世界有各种成熟先进的工具，可以帮助学习者更好地徜徉其中。数字化一代之所以在数字世界流连忘返，一个重要原因是数字世界给予了他们即时且持续的反馈，他们从这种反馈中获得了巨大的满足感。此话怎讲呢？

这是一个既复杂又显而易见的现象。假如有一个踌躇满志 56
的摄影师，他往“照片墙”（Instagram）上传了一张照片，立即有 50 个粉丝给他点赞，那么我们就说这位摄影师既收到了即时反馈又获得了即时满足。假如有一个年轻人，他在“推特”（Twitter）上分享了一条推文，并被朋友和陌生人转发数十次，那么这就是他得到的即时反馈和即时满足。再假如，一位年轻女士发布了一段视频，获得了 7.5 万次播放量和数百个赞，那么很明显她也得到了即时反馈和即时满足。再假如，一个年轻玩家在他最喜欢的电子游戏中晋级到了 100 级，这显然是他得到的即时反馈和即时满足。斯坦福大学规劝技术实验室（Stanford Persuasive Technology Lab）前研究员杰森·瑞哈（Jason Hreha，2017）这样说道：

> 反馈在生活中的大部分时候要么不存在，要么延迟。在我们的求学生涯中，若想知道家庭作业做对了

> 多少，至少需要等上几天甚至几周的时间。只有当老师有空改作业时，我们才有望收到反馈。考试也是一样，通常需要等候两周的时间，才能知道结果和进行订正。而每一次反馈的延迟都是学习的阻碍。

数字世界在向学习者提供即时反馈的同时，也教会了学习者接受延迟满足和延迟奖励。以前面的几个例子来讲，摄影师得花时间才能拍出完美的照片，他可能要拍几百张照片后才能选出一张最好的来和粉丝分享。在推特上分享推文的年轻人得先了解其他用户想要阅读和分享何种类型的内容，一篇充满激情的博客、一篇关于构造板块的文章，或者一幅画，都得花好几个小时才能完成。而那位年轻女士也得费心费力地统筹、录制和编辑她的视频，才能使它成功吸引住渴望趣味内容或实用内容的观众。最后，我们那位年轻的游戏玩家可能要花数百个小时来打磨自己的技能和经验，才能达到别人望尘莫及的高度。
57 这些都是延迟满足和延迟奖励的例子。得到即时满足的同时也意味着要在前期经历延迟满足，其中的意义就在于它能让我们的技能得到磨砺，让我们具备理性反思的能力，而不会做出冲动的决定（Bazelon，2012）。

学习者在使用智能手机、视频游戏和社交媒体等工具时，学会了这样一个道理：只要投入时间掌握这些工具或游戏，就能进阶到更高的等级，就能获胜或在排行榜上名列前茅，就能得到别人的尊敬和重视。一分耕耘一分收获，而有些收获显然值得数百甚至数千小时的投入。这就是延迟的满足。与此同时，学习者的投入能得到数字世界的即时反馈，让那些渴望得到即时满足的心“久旱逢甘霖”。

如何在教育中利用学习特性7

1. 让学习者自行选择表达媒介。学生的能动性是现代学习的一个重要方面，教育者需要更好地对其加以利用。让学习者选择自我表达的方式并不会给教育者的评价工作带来困难。例如，教育者可以对学习者写作的说明文做出评价，也可以对学习者创作的商业广告做出评价。瑞恩提出的“100件学生可以创造的东西”（Schaaf，2014b）就包括录音、制作模拟产品和设计电子游戏等。

2. 把游戏当作学习工具。借助游戏（包括电子游戏和非电子游戏）进行的学习，是一种在协作和竞争中开展的很有效的学习体验。学习者不但能从中得到即时反馈，还能主动掌握其中的新信息或新技能。一项针对教育管理人员和教师的调查显示，超过一半的受访者认为可以用游戏来教授那些有难度的复杂知识（EdSurge，2016）。InfoSavvy21会聚了一批经验丰富的教育工作者，他们共同努力建立了一个数字学习游戏库（http：//bit.ly/DigitalLearningGameDatabase）。该数据库内有数百个能为学习过程赋能的电子游戏可供教育者和学习者使用。这些电子游戏按科目和领域，以及游戏应用平台进行分类，每个游戏还有简介和技能标签，所以哪个游戏可以用于哪方面的教学和测评，便能一目了然。访问者可以在其中搜索到对自己有用的游戏。为了助力教育工作者向学习者提供更高质量的学习体验，InfoSavvy21 的团队每天都给这个游戏数据库上新。

3. 使用电子公告板。相比于传统的展示内容有限的公告栏，电子相框能存储数千张照片，并以幻灯片的形式进行展示。教师们可以用数码相机、智能手机或平板电脑拍下学生的作业或作品，然后用电子相框展示出来。电子公告板的尺寸、存储空间和价格各不相同，但相对来说还是较为便宜的。

58 学习特性 8：能在数字世界和现实世界之间自如切换

由于长期使用数字化设备以及长期生活在互联网环境中，现代学习者具有双重存在感——他们一半存在于现实世界的体验中，另一半存在于虚拟世界的体验中。虽然上一代可能也有很多人活跃在虚拟世界中，但他们仍把现实世界和虚拟世界严格区分开。“许多数字化一代似乎在现实世界和虚拟世界之间打通了一个接口，能在两边游走自如。”（Jukes et al.，2015，p. 121）对他们而言，虚拟世界的存在感和现实世界的存在感一样真实而重要。因此他们很难将两者区分开来，这也是为何网络欺凌的危害会如此之大。屏幕上的文字、图像和视频能像真实世界的事件一样对受害者造成巨大的心理伤害（Schaaf，2014a）。

幸运的是，数字化一代在虚拟世界的经历也有很多积极正面的例子。例如，利用网络与朋友或家人进行交流和讨论，参与学术研究或个人研究，参加各类网上活动，如社会公益活动或众包活动。

一个例子能生动展现众包的力量，即 ALS（肌萎缩侧索硬化，俗称“渐冻症”）协会发起的“冰桶挑战”活动。参与该挑战的人要经历一段短暂的不愉快的过程——向自己身上泼一桶冰水，并录制视频，分享到互联网上。参与者不仅传播了对渐冻症的认识，还为这种疾病的研究项目和临床管理项目募集了资金。“冰桶挑战”充分利用了互联网文化的参与性特点，也证明了我们的社会有一根强有力的纽带，每个人都命运相系。

虽然数字化一代离不开他们的智能手机和平板电脑，但他 59
们并没有被这些设备左右而失去自己的独立思考能力，他们把这些设备当作实现目的的工具和手段，而不是当作自己的大脑来使用。他们利用这些工具在真实世界和虚拟世界之间创建无缝衔接的出入口，把原始信息转化为新的知识，并与已知的知识结合起来，从而为现实世界的问题创造独特实用的解决方案。这就是我们所谓的“切换自如”（Jukes et al.，2015）。

如何在教育中利用学习特性 8

1. 让学生体验虚拟场景。有很多教学策略、教学 App 和数字化工具能帮助教育者挖掘和利用学习者在虚拟和现实之间无缝切换的特性，一个典型的例子就是 2D 和 3D 的虚拟场景体验。这种体验为那些对常规学习已经失去兴趣的学生提供了一个令人振奋的学习机会。虽然真实世界的实地考察也很有意义，非常值得开展，但是相应的组织、计划和出勤可能并不容易，要考虑成本、交通和安全等问题。而虚拟场景利用数字技术的力量，可为学习者提供更为丰富且便捷的体验。虚拟场景的体验对学习者而言确实有身临其境的效果，而且是绝佳的在虚拟和现实之间切换的经历。

2. 利用虚拟现实技术和增强现实技术。虚拟现实（VR）和增强现实（AR）已经开始进入课堂。学生可以用 3DBear 这个软件创建自己的 AR 项目，并用 3D 打印机制作出自己的作品。还可以通过“星空图”（Star Chart）这个软件在一个高科技窗口内看到整个宇宙。只需要将 AR 设备对着天空，“星空图”便会显示各个天体的具体位置。移动设备时，“星空图”上的天体也会随之变化。

谷歌的探索先锋项目（Google's Expeditions Pioneer Program）就包括为课堂提供 3D 虚拟现实平台。通过与世界各地的教师和内容专家合作，谷歌在这个平台上创建了一百多个引人入胜的虚拟旅程，让学习者轻松沉浸在一种全新的学习体验中。

3. 善用社交媒体。虽然社交媒体的泛滥常受到诟病，但它确实蕴藏着巨大的潜力。它能让一个人的声音传到数百万人那里。教育者有多种方法将社交网络的力量运用到教学中。可以使用专门针对学校环境而设计的社交网络，它们比开放平台更能提供安全的虚拟学习环境。

学习特性 9：偏爱既有用又有趣的学习 60

作为教育者，我们不得不思考一些重要的问题。例如，学生是会记住在大家面前表演荷马史诗《奥德赛》的经历，为一个污染严重的水库而在社区四处呼吁奔走的经历，通过网络电话访谈 NASA 的宇航员、普利策奖获奖作家或当地政治家的经历，还是会记住老师布置给他们的如小山一般高的作业，毕业前日复一日的标准化考试，学校里每天重复的授课内容？有没有哪个学生回想起自己的教育经历时会感慨：某某考试中的某个题目改变了自己的一生？

数字化时代的学习者偏爱既有用又有趣的学习。瑞恩曾访问马里兰州巴尔的摩市的一所优秀中学。校长兴奋地向他展示学校的创客空间，那是一个专门供学生进行创造的空间，学生们可以使用各种工具（包括数字化工具和非数字化工具、高科技含量的工具和传统工具）探索自己感兴趣的领域。瑞恩还看到了各种学生编程活动。创客空间内，学生们在一起合作学习，他们洋溢着笑容。他们在教室里热烈地讨论，为现实世界的问题寻找创造性的解决方案。走出创客空间时，瑞恩也被那种热情深深地感染了。

然而，令瑞恩大失所望的是，这种热烈的学习氛围只在这所学校的创客空间里才有。在其他的教室，他看到的还是老师们在讲台上喋喋不休地讲课，学生们在下面无精打采地听课的老场景。几乎没有互动、合作或深度思考的迹象。相反，许多学生在座位上已经开始走神，完全脱离了身边的学习环境。

61 作为本书作者，我们并非在批判这所学校，毕竟单凭某个侧面是难以对整体情况下定论的。我们只是好奇，为什么其他教室内没有创客空间的热烈氛围？为什么创客空间的学习环境不能成为学校的日常？

在学校以外的日常生活中，学习者利用全球智能网络与他人实时保持联通。浸润在这种以参与性文化为特征的虚拟环境中，他们不仅会与身边的朋友和同学进行交流，还会与远方的其他人进行沟通。然而，大多数教室里的学习者仍然处于无法联通的状态，学校强迫他们“下线”。因此，在校外习惯于数字化生活的一代人难免会对学校感到不满和失望。

我们之所以重视这个问题，是因为这一代人在学校之外掌握着很大的自我主导权。他们自己决定玩什么游戏、读谁的博客、写怎样的文章、支持哪个意见、看什么样的视频、交什么样的朋友、听什么样的音乐、参与什么样的项目。然而，他们在学校里却对自己的生活或学习几乎没有什么主导感，也没有什么机会去主导。他们不能自己决定读什么书、用什么学习工具、设计什么产品、怎样学习新知识等。

如何在教育中利用学习特性9

1. 组织“天才一小时”活动。如果能提供机会让学习者探索他们感兴趣的领域，就能大大激发他们的学习热情。“天才吧”就是一种方法，它让学生自行选择感兴趣的主题进行探索和钻研，并提供机会让学生分享自己在这个过程中学到的东西（Carter，2014）。如果有个小女孩喜欢蝴蝶，那么她就会尽可能地学习关于蝴蝶的一切知识，并与身边的人分享。通过一些思考和设计，教育者可以让学生在自主活动中实现课程的学习目标。“天才一小时”活动对任何年级都适用，学生们的想象力能带来意想不到的惊喜。

2. 设立创客空间。正如我们在巴尔的摩的那所中学所见，创客空间也是一种可供学生开展生动有趣的、积极主动的、创意无限的探索活动的理想场所。在教育者的引导和实践专家的带动下，创客运动在学校的兴起让学习者能用各种材料、编程技术和创造性思维来创造别具一格的产品。乘着想象力的翅膀，装上努力的引擎，学习者沉浸于创客空间里，在高阶思维的世界中翱翔，试图找到解开现实世界问题的钥匙。当然了，用水果做电脑键盘、游戏手柄或钢琴同时也是妙趣横生的（Blanton & Rosenbaum，2013）。

3. 鼓励角色扮演。角色扮演是一种有趣并且有用的学习策略，它让学生有机会锻炼自己的发言能力和倾听能力。老师可以布置学生创作和表演短剧，并且将准备和表演的过程录制下来，分享给课堂外的观众。

面向数字化一代的教学

62

要在当代成为一名卓有成效的教师，我们自身也必须有互联网社会要求学生具备的那些基本能力，包括沟通能力、探究能力、批判性思维能力和解决问题的能力。

虽然伊恩和瑞恩的教学经验加起来总共已有近60年，但他们仍需每天进行专业学习、自我钻研，还要倾听学习者的心声。

任何对教学有激情的人都知道，课堂的成功秘诀不在于课堂纪律、课堂管理，或授课方法，或强制学习者乖乖待在教室里的其他手段。强制要求学生学习是教学实践中的一贯做法，但真正的教学应该在学习者心中激发出学习的欲望和动机来。没有学习动机，就没有学习。教师们要问自己："如果不强制要求学生来上课，他们还会出现在你的课堂上吗？"

我们相信，现代课堂的中坚力量——堪比最强大的技术和杀手级应用——是一位充满激情，对学习的追求孜孜不倦，对审美、奥义、伦理和道德有坚定信念的教师。这样的教师将课堂变成知识、创造力和创新精神的熔炉，帮助下一代为未来社会做好准备。

21世纪过去将近五分之一了，我们却还在争论21世纪的学习应该是什么样的，想想真是有点可笑。在21世纪脱节的不是学习者，而是我们的机构和体制。诚然，传统教育在当今仍有一席之地，基本的读写和记忆能力、传统的学习方法仍有可用之处。但当我们设法让现在的学生接受并尊重我们那悠久的传统教育时，也必须花时间和精力去认识、理解和融入他们的世界观和价值观。

教育行业的人必须明白，世界已经变了，从根本上变了，而且还要加速改变，没有一个尽头。教育迫切需要找到两代人、两个时代、两个世界之间的平衡——传统学习环境和数字学习环境之间的平衡。

继续往下读的时候，我们要不停地问自己："我是否已经摆脱了一贯的教学假设和教学实践的束缚？我是否认识到我的学生和过去几代人有根本性差异？我有没有利用好这种差异？"如果我们的教学理念和方法还是十年前的老样子，那我们就无法满足当今学生的学习需求。

本章小结 63

本章我们谈到了数字化一代的九大学习特性。回顾这一章时，请确保你理解了以下要点。

- 当今的学习者与前几代学习者大为不同。颠覆性新兴技术以及我们在之前一本书中探讨过的"数字轰炸"已从根本上改变了年青一代的思考和交流方式。
- 数字化一代倾向于从多种数字渠道获取信息。
- 数字化一代倾向于并行处理或同时处理多个任务。
- 数字化一代倾向于在处理文本信息之前，先处理图像、声音、色彩和视频信息。
- 数字化一代倾向于同时与多人进行协作和沟通。
- 数字化一代阅读纸质文本或网页文本时往往会无意识地进行快速阅读。
- 数字化一代倾向于适时学习。
- 数字化一代希望得到即时满足和即时奖励，但也伴随着延迟满足和延迟奖励。
- 数字化一代能在数字世界和现实世界之间自如切换。
- 数字化一代偏爱既有用又有趣的学习。

自我梳理

- “数字轰炸”如何影响数字化一代的思维方式、学习方式和看待世界的方式?
- 学习者和教育者可以怎样利用视觉媒介来强化和丰富学习体验?
- 从互联网出现之前到如今，知识的传播发生了怎样的变化?
- 教育者必须如何改变日常工作实践，才能有效利用现代化学习的新工具和新方法?

第五章

回望过去，展望未来

向过去学习，为未来准备，在当下活着。

——托马斯·S. 蒙森（Thomas S. Monson，2003）

65 定期举行考试，强调课程、标准和教育问责，很容易让我们陷入一种只关注短期结果的短视思维。我们只关注当下，把所有精力都放在如何让学生准备好下一堂课、下一个学期、下一次考试或下一个学段上。

66 我们拿上一学年的考试成绩来与校长、督学或教育部的最新规定对号入座，然后以此为依据来指导下一学年的教学策略与目标。我们反复琢磨一些数据，试图从中找到能让学生考得更好的法门。

一个学期又一个学期，一个年级又一个年级，一套课程又一套课程，教育者似乎陷入了一个永无止境的怪圈：检视考分，对照要求，调整教学内容，调整教学方法，重新划分教学重点，所有这些工作的目的都是让学生在学年末考一个更好的分数出来。

请不要误会，短期目标对教育也很重要，它推动着学校的日常运作。然而，教育不应也不能只关注短期目标，只围着下一堂课、下一个学期、下一次考试或下一个学段转。**教育应该树立长期目标，要培养学习者的技能、知识和思维习惯，让他们踏出校门后仍能适应社会的需求。**

21 世纪的教育应该是什么样的，人们对这个问题仍有争议。若是逮着机会，我们总会问教育者和决策者一个问题：怎样才能兼得鱼与熊掌，同时兼顾教育的短期目标和长期目标？如何让学生在考出好成绩的同时，也能发展日后迈入社会时所需要的技能？总之就是，教育该如何同时制订短期目标和长期目标？

本章我们将详述如何以史为镜、向前迈进，思考被动应对和主动转变的不同结局，探讨教育面临的最大挑战以及如何将其克服。但在那之前，首先让我们来做一个小训练，看看思维上的小变化是如何促成行动上的大变革的。

这个训练无关要巧欺弊，所需的只是思维上的一个小转变。只要转一个弯，我们就能走得更长，看得更远。这正是本章的初衷，而且我们还要更进一步，把思路打开，把束缚创造力的镣铐甩掉。有时解决一个重大难题所需的就是一个小小的转变。

随后，我们将要带着这一观念做一个小游戏，回顾 1998 年的生活，并拿它来与现在的生活做比较。

拓展思维的“九点训练” 67

第一部分

在稿纸上按图 5.1 所示描出 9 个点，并依照以下四条规则，用笔将这些点连接起来。

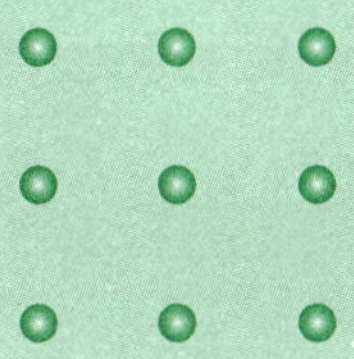

图 5.1　“九点训练”

1. 可从任意一点开始；

2. 画四条直线，把九个点都连接起来；

3. 画的过程中，笔不能离纸；

4. 直线不能重合。

肯定有读者以前见过或做过这个练习。如果你已经知道了如何一气呵成地用四条直线将所有的点连接起来，那你可以尝试一下用少于四条直线（肯定可行）来完成这个任务。你可以独立思考办法，也可以与他人合作，但最多只能用五分钟时间。

如图 5.2 所示，大多数人会选择从一个角开始，先画一条对角线，再沿侧边向上画一条线。但这似乎是一个临界点了，在这之后该怎么办呢？

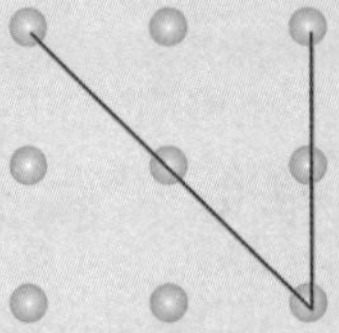

图 5.2 “九点训练”，画好了两条直线

此时我们遇到的难题其实是一个自我施加的约束、自我想象的局限。我们只看到这九个点，这让我们的思维变窄、选择变少。

大多数人画出的第三条直线如图 5.3 所示。

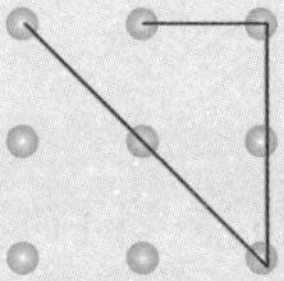

图 5.3　“九点训练”，画好了三条直线

若是这样，那游戏就可以结束了——按规则完成任务是不可能的了。

第二部分 68

假如我们给自己另一种可能性、另一个机会呢？假如我们不给思维设限，不受这九个点的局限呢？请看图 5.4。

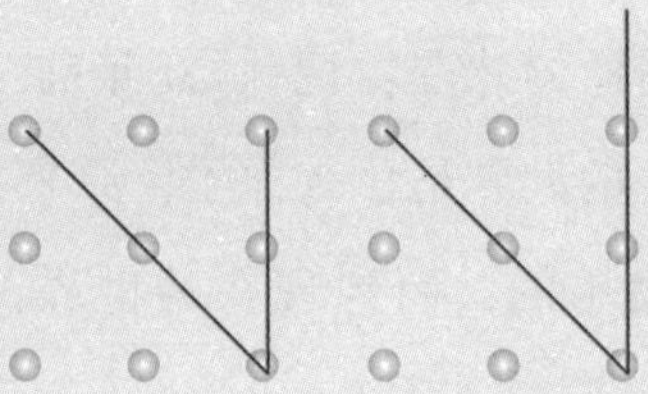

图 5.4　“九点训练”，跳出九个点约束的一条直线

突破思维的局限，别把自己限制在九个点上，把第二条线画得长一点。从这里开始，解谜之路变成了一马平川（见图 5.5）。

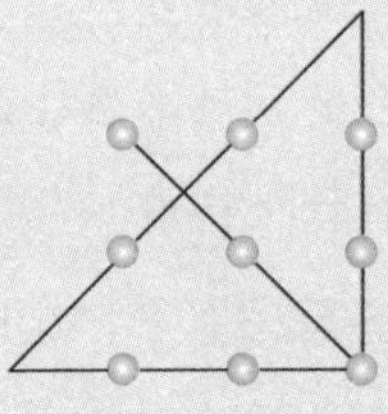

图 5.5　成功完成的“九点训练”

以史为镜，向前迈进

想象你跳进一台时间机器，回到了 1998 年。花几分钟想一想以下问题，然后把答案写下来。这些问题并不是为了难倒读者，所以尽可以在网上搜索答案。

- 谁是这一年最受欢迎的音乐家？
- 这一年世界上、各个国家和地区有哪些主要的政治人物？
- 这一年的主要经济驱动力是什么？
- 这一年有哪些主要的沟通方式？
- 这一年最受欢迎的新技术是什么？
- 这时的学校有什么特点？

很多人会有这样的感受：记住 20 年前（本书原著出版于 2018 年——译注）的世界是什么样子，原来并不是一件简单的
69 事。那我们来点简单的，回到现在的世界，还是回答同样的问题。

- 谁是现在最受欢迎的音乐家？
- 当今世界上、各个国家和地区有哪些主要的政治人物？
- 当今世界的主要经济驱动力是什么？
- 当今世界有哪些主要的沟通方式？
- 当今世界最受欢迎的新技术是什么？
- 当今世界的学校有什么特点？

这次也务必把你的答案写下来，这应该比回忆 1998 年的事情要简单一些。

然后比较你的两份答案，看看 1998 年的人、事、物有多少也出现在了当代世界？恐怕没有多少。为什么呢？因为新的趋势、新的技术、新的人物已经取代了 1998 年的趋势、技术和人物。然而，根据我们的经验，两份答案中关于学校的那个回答往往有相似之处，两个时期的学校都注重记忆和背诵、内容的复述，当代考试的决定性作用以及讲台授课方式也一如往昔。(听着是不是像"一贯做法"?) 20 年过去了，其他几个问题的答案都变了，而学校为什么还是老样子呢?

带着这个问题，我们试着来回顾一下教育的历程，梳理我们至今走过的路，借此找到未来的路。

回顾来路

回顾一下 1998 年以来我们的世界发生的变化，然后顺着以下思路思考：

> 如果 1998 年的我们就知道今年的世界是什么样的，并且 1998 年的我们已经做好了应对未来的必要改变，那么当今的学校可能会在这几个方面与现在有所不同……

再试着思考：

> 做出必要改变需要克服很多挑战，我们本可以通过……来将它们克服。

注意：这是一个思维练习，所以答案无所谓对错好坏。

70 向前迈进

让我们再跳进时间机器，穿越到 2038 年，看看那时的世界会是什么样的。

- 谁会是最受欢迎的音乐家？
- 届时世界上、各个国家和地区会有哪些主要的政治人物？
- 届时社会的主要经济驱动力会是什么？
- 届时会有哪些主要的沟通方式？
- 届时最受欢迎的新技术会是什么？
- 届时学校会有什么特点？

预见未来对大多数人而言都是个巨大的挑战。即使只对几年后做一个预测也不容易，更不用说 20 年后了。但那并不该妨碍我们对不同的可能性进行评价并采取行动，因为未来终究会来，无论我们选择掩耳盗铃还是未雨绸缪。未来正等着我们送上门去，不去主动塑造而只是被动接受的未来是盲目的。

被动接受的未来 VS 主动塑造的未来

如果我们选择什么都不做，如果我们把不作为当成作为，那么虽然在未来仍有我们的一席之地，但这种不作为的参与会让未来成为一种被动而盲目的现实。所谓被动而盲目的未来，即我们对变化逆来顺受，而不是将变化为我所用。是我们塑造未来，还是未来塑造我们？

读到这里，大家还可以思考另外一串问题：如果我们什么都不做，任由现状持续下去，我们的学校和学生将面临什么？如果我们保守行事，延续现在的教、学、评方法，如果大家都继续采取一贯做法，前路将会怎样？

是充满希望还是令人担忧？你可以试试补全下面这句话：

> 如果我们停在原地、固守过去，那么未来的教育将会……

再试着补全下面这句话：

> 如果我们不做出改变，延续现在的教、学、评方法，那么我们的学生未来将会……

不妨花些时间思考：如果我们看向未来，并开始采取行动， 71
是否可以创造未来，又可以如何创造？如果我们对目前的教育状况感到不满，我们就应该做点什么。然而问题是：怎么做、做什么？如何应对未来？如何应对这个快速变化的世界？如何应对现代社会的基本属性——不确定性？

我们相信，这些问题的答案藏在屏幕上来回切换的任务窗口和将来时的思维方式中。

适应多任务切换的生活

想要主动塑造未来，就要学会像橄榄球运动里的四分卫一样处理问题。试想，当四分卫从中锋手上接过球，开始传球，然后把球投给己方的接球手时，他会怎么投球？是把球投向接球手当时的位置吗？肯定不是，他得把球投到接球手几秒钟后会跑到的那个位置上去（McCain & Jukes，2000）。

四分卫准备从中锋手上接球时，就要开始多任务切换了。好比他脑海中有两个操作屏幕，一个聚焦于此时此地，紧密观察对方那位身高 2 米、体重 120 公斤的后卫在这场争球混战中如何行动。这个大块头后卫正以每小时近 32 公里的速度向自己进攻，如果不避开，四分卫不仅要失去这场比赛，恐怕连生命都有危险。为了胜利，为了机会，四分卫必须分析和处理当下的境况。

与此同时，四分卫还要在另一个操作屏幕上分析和处理未来的境况。3.2 秒后接球手会跑到哪个位置去，他得在脑海里进行预测，然后以此倒推现在的传球方向。

不了解橄榄球运动的读者可以把四分卫想象成足球比赛中的中场球员。中场球员正想方设法让己方队员突破对方防线，他也在进行多任务处理。一个任务是应对当下正直冲自己而来的对方防守球员，另一个任务是预测边锋 3 秒钟后的位置，并把球带到那个位置。

72 城市人类学家、作家詹妮弗·詹姆斯（Jennifer James，1997）把四分卫和中场球员的这种反应称为“将来时思维”。将来时思维要求我们把现在当成未来的某个过去时段来看待。本质上，四分卫和中场球员都是将来时思维的运用者，正因为他们能站在未来的角度对现在进行分析和处理，所以他们能抓住先机，取得成功。

将来时思维

正如四分卫和中场球员在球场上要利用将来时思维进行任务切换一样，我们教育者也要有效利用这种思维方式。因为在我们的众多工作任务之中，其中一项就是根据目前的趋势合理推断学生在未来社会生活和工作中所需的技能，然后以此倒推并明确我们现在的工作任务——现在需要教给学生们什么东西，才能让他们为未来做好准备。

这个任务说起来简单，但我们必须承认，预测十年后的世界对教育者来说是一个挑战，就像我们很难预测十年后的顶尖歌手和政治人物一样。因为即使我们打开了将来时思维，在另一个窗口上思考未来，作为教育者的我们仍肩负着一系列的日常任务，仍须处理好此时此地的现实境况，仍要保证我们的学习者为下一堂课、下一个单元、下一场考试、下一个学期、下一个学段或其他任何教学要求做好准备。

尽管如此，我们一定要记住，教育的目的不是也不该是仅仅实现短期目标。所谓成功的教育，是明确哪些东西能帮助学生在离开校园、步入现实世界后取得成功，并加以执行（本书第三章提供了一部分思路）。

将来时思维就是寻求现在和将来之间的平衡，不被当下的紧急情况蒙蔽了看到更大格局的目光，极力眺望未来的方向，并明确未来世界所需的关键技能、知识和思维习惯。

教育面临的最大挑战

如果让教育体系内部和外部的人来共同判断教育的主要挑战是什么，答案和观点可能会五花八门：从模糊的观点，如“技术应用得不够”或“现在的孩子不听课了”等，到更有见地和针对性的见解，如“要培养批判性思维和解决问题的能力”或“培养未来的思想家和领导者”。后者的观点正反映了将来时思维的重要性。

73 美国诗人马克·斯特兰德（Mark Strand，1934—2014）曾说过：“未来的起点就是现在。”（Strand，2016，p.ⅰ）数字化时代的教育正面临着超出其负荷的挑战，未来也很可能会如此。在这个不确定性甚至不稳定性已经成为基本属性的时代，在这个充满变数和挑战的时代，我们务必要记住，未来一定发生在现在。

让我们来看看教育的未来，看看我们可以怎样让今天的自己和学生，为明天的世界做好准备。下面我们将给出与教育的未来这一主题相关的一些反思性问题或情景。我们不打算在此回答这些问题或分析这些情景，但希望它们能为下一章内容做些铺垫。你可以站在你的学校或你的班级的角度来思考这些问题和情景。

能帮助你思考教育的未来的一些问题和情景

应对变化

- 时代变化给你的学校、社区、教学实践和你的学生带来了哪些影响?

- 我们可以如何改变教师培养体系和职业学习网络，以发展出适应现代学习者的学习环境？
- 一个组织或制度是怎样训练出一批抵制变化、固守一贯做法、满足于现状的人的？
- 如何向我们的社区传达学校需要为未来做出改变这一信息？
- 如何帮助今天的学生为十年后的生活、工作和学习做好准备？

明确现代社会所需的技能

- 什么是 21 世纪的教育者和学习者都必须具备的基本技能？
- 全球化时代的雇主看重哪些技能？
- 为了迎接大学教育、职业生涯和履行社会责任，所有高中毕业生都要掌握好的核心技能是什么？
- 教师无法把所有东西都教给学生，那么他们最该教的技能和知识是什么？
- 在培养教师、促进教师之间的协作，以及通过督导和评价促进教师不断自我提升方面，我们要做出怎样的改变？

完善评价体系

- 如何评价学生的知识和进步？教育者现在的工作任务和教育方式是否反映了 21 世纪的需要？
- 如何打造一个更好的评价和问责机制，通过它们获取有效信息，以确保所有学习者都学会了基本技能？

74

- 如何在给予教育者支持的同时，也让他们为结果负责？
- 有哪些指标能证明我们成功地帮助学习者为明天的世界做好了准备？
- 以考试成绩为重的传统高中或大学生涯能在多大程度上证明学生已经能够将知识以创造性方式付诸实践？
- 传统的学校评价体系能在多大程度上反映学习者在学校之外的真实人生中将经历的各种考验？

营造更好的学习环境

- 反思学校的本质和21世纪的学习环境。
- 经济的变革对年轻人以及教育者设计和组织学校的方式方法有什么影响？
- 一所好的学校，一所所有学生都在学习最重要的技能的学校是什么样的？我们能从这些学校借鉴什么？
- 如何将传统课堂转变成一个能促进所有学习者进行有效学习的空间？
- 为了发展未来世界所需要的一系列复杂能力，学习者需要经历怎样的挑战？
- 学校是一个实体建筑还是一个教学和学习的过程？为什么这样认为？

构建现代教学法

- 反思21世纪的教学，我们必须做出哪些改变，才能通过课堂教学培养学生掌握未来需要的能力？

- 有哪些新的、面向现代和未来学习者的教学策略已经付诸实施？有哪些旧的教学策略可以通过调整、修订来为现代和未来的学习者服务？
- 我们若希望下一代有不同的思考方式，有解决问题的能力，能为尚不存在的工作做好准备，能使用尚未发明的技术，那我们该如何通过重构教学方式解决学生毕业前课程就已过时的问题？
- 教育者在各种学习环境（高科技环境、低科技环境和非科技环境）中该如何运用项目化学习（project-based learning）？
- 教育者可以用哪些方法来跟踪各自学科领域的最新发展？哪些新闻频道、在线顾问、专业网站、门户网站、社交媒体或其他资源会有帮助？

本章小结

本章我们谈到了如何通过反思过去更好地眺望未来。回顾这一章时，请确保你理解了以下要点。

- 虽然新的趋势、新的技术、新的人物已经取代了过去的趋势、技术和人物，但现在的学校和过去的学校仍有很多共同点。
- 教育者必须根据目前的趋势合理推断学生在未来社会生活和工作所 75
需的技能，并据此帮助他们做好准备。
- 将来时思维就是寻求现在和将来之间的平衡。教育者须明确并兼顾教育的短期目标和长期目标。

自我梳理

- 鉴于过去 25 年来社会发生的根本性变化，思考一下 21 世纪受过良好教育的成年人应该是什么样子的？
- 为了帮助学生迎接大学教育、职业生涯和履行社会责任，所有教师都需要知道并能运用好的核心技能有哪些？
- 有什么方法能帮助我们判断学生是否掌握了最重要的技能？

第六章

2038 年的教育和学习

让我们从现在开始创造未来，让我们把梦想变成明天的现实。

——马拉拉（Malala Yousafzai，引自 MacQuarrie，2013）

77 本书写到这里，我们已可以斩钉截铁地说，当下的教育亟
须改变。经济变了，工作环境变了，社会变了，我们也变了，
更重要的是，决定未来走向的下一代变了。这一切都要求我们
78 立即开始重新思考教学、学习和评价，让教育适应现代社会的
要求。再沿用以前的一贯做法将会徒劳无功。

为了在现代社会和未来世界中保持竞争力，学习者需要不断掌握新的技能。可问题是，这些新技能到底是指哪些技能？著名的哈佛大学研究员、作家托尼·瓦格纳（Tony Wagner，2010）在他的畅销书《教育大未来》中，列出了21世纪的七大生存技能：

1. 批判性思维和解决问题的能力；
2. 跨界合作能力和以身作则的领导能力；
3. 灵活性和适应性；
4. 主动性和首创精神；
5. 有效的书面和口头沟通能力；
6. 获取和分析信息的能力；
7. 好奇心和想象力。

无独有偶，詹姆斯·伦格尔（James Lengel，2012）在《教育3.0：七步通往更好的学校》一书中提出了关于未来学习的六

个原则：

1. 学生的精力要花在解决值得解决的问题上；

2. 学生和教师能展开卓有成效的合作；

3. 学生能从事自主研究；

4. 学生学习如何讲好故事；

5. 学生能有效地利用工具完成任务；

6. 学生能学会好奇和创造。

把瓦格纳（Wagner，2010）的“七大技能”和伦格尔（Lengel，2012）的“六个原则”放在一起，我们会发现它们有明显的重合，都强调解决问题、合作、沟通、研究和好奇心等能力和特质（我们将在第七章展开详细讨论），都强调有效利用新工具和数据的重要性。

我们虽已知道未来的生存技能有哪些，但关键的问题是： 79
未来的教育应该是什么样子？如何才能让蓝图变成现实？下一代学生该如何学习、学些什么？我们培养出来的年轻人将在技能、知识和经验上被拿来与其他国家的同样熟练但工资更低的劳动力做比较，在这种情况下，教育该如何发力，让我们的年轻人为未来的劳动力市场做好准备？除此之外，我们的年轻人将如何在一个日益由软件、应用程序、机器人和人工智能所驱动的经济环境中竞争？

为回答这些问题，我们再次跳上时间机器，穿梭到 2038 年。这一次，我们不仅将提出一些问题让读者思考，还要从儒勒·凡尔纳的著作、马蒂·麦克弗莱的海下魅力舞蹈[1]、“企业号”飞船的恒星之旅、《时空怪客》中的山姆·贝克特博士那里汲取灵感，描绘一幅未来的场景，展示一下 2038 年的小学生爱丽丝一天的生活。以爱丽丝一天的经历为基础，我们提炼出了 11 个关于 2038 年的学习生活和学校面貌的预测。

爱丽丝的一天

我们穿梭到 2038 年住了下来，然后开始观察阿卡迪亚小学三年级学生爱丽丝一天的生活。爱丽丝的老师克拉布特里女士在班级里布置了一系列问题导向型学习任务，这些任务围绕“拯救地球，减少环境污染”展开。爱丽丝所在的小组（包括爱丽丝、诺兰和其他几个学生）分到的任务是找到一个方法减少学校的垃圾产生量。总共有 15 个小组要按克拉布特里女士布置的任务，为各种环境问题寻找解决方案，今天是他们向班级和老师汇报进度的日子。

读者在观察爱丽丝一天的生活时，也请注意挖掘出能证明瓦格纳（Wagner，2010）、伦格尔（Lengel，2012）等人提出的在未来生存和发展所必需的关键技能的证据。

---

① 电影《回到未来》中的情节。

上午 7：25 爱丽丝醒来，略带倦意地揉着眼睛。她昨晚熬夜查找有关环境污染和减少污染危害的资料。解决环境问题是爱丽丝的热情所在，让她不知疲倦地进行探究。醒来后，爱丽丝先跟自己的在线数字助理伊娃确认留言消息。同一组的小伙伴诺兰发信息问爱丽丝，学校管理员是否发来了学校过去两周的垃圾产生量。世界著名的生态学家阿曼达·艾弗里博士也发来一封电子邮件。艾弗里博士当下正在南极洲从事全球污染方面的研究工作。她在邮件里确认了下午 3 点的视频会议。 80

> 参与由学生自我主导的研究型课题

> 跨界合作和以身作则的领导

上午 8：10 吃完早餐后，爱丽丝看了一会儿她最喜欢的视频节目。多亏了高速云服务器，这些视频能在几毫秒内传输过来。然后爱丽丝让伊娃过了一遍今天的日程，并给每个同组伙伴发邮件，提醒他们带上汇报要用到的所有材料。

上午 8：30 爱丽丝让伊娃确认所有的资料都上传到了 iDEA Pad 上。iDEA Pad 是一个集平板电脑、智能手机、数码相机于一体的设备，内置全息三维投影仪，可显示图像、视频等各种数据，还有一个可视化界面，可以看到 3D 的伊娃。爱丽丝把 iDEA Pad 和午餐装进背包，走 5 分钟的路就到了学校。

上午 8：40 来到学校后，伊娃便会与学校的网络连接，显示爱丽丝已经到校，并且通知系统爱丽丝不需要购买午餐。在前往学习实验室与诺兰和其他小组成员见面之前，爱丽丝先向指导老师克拉布特里女士做了简单的汇报。

跨界合作和以身作则的领导

上午 8：45

爱丽丝一走进学习实验室，诺兰便兴奋地问道：“纳尔逊先生把近两周的数据给你了吗？”爱丽丝拿出她的 iDEA Pad，向所有成员展示最新的数据。“哇，过去 14 天垃圾数量明显减少了，我们的计划奏效了！”诺兰激动地说。

师生之间有效合作

上午 9：00

爱丽斯和自己的组员以及另外二十几个小朋友一起参加上午的学习活动，克拉布特里女士把他们分成了五个小组，每个小组都要负责一个课题，它们都围绕“保护地球”这个主题展开。这里的学习环境很舒适，桌椅和地板等设施可以满足不同的教学需求，二十几个小朋友轻轻松松就可以从独立型任务过渡到小组或全班型活动。

获取信息、分析信息

克拉布特里女士会花 10 分钟时间，询问每个小组的最新进展，并给出指导和建议。爱丽丝这一组分享了在减少垃圾产生量上的发现，克拉布特里女士给了一些建议和指导，并为他们指明了一些可资参考的学习资料。克拉布特里女士离开后，爱丽丝利用一些研究方法从收集的数据中提炼出了绘制线形图需要用到的元素，再次确认过数据的可信度后，他们绘制了一幅详细又美观的图表。

学生自己主导研究任务

解决值得解决的问题

上午 10：00

爱丽丝前往学校的创客
81 实验室，继续设计能生成清洁能源的风力涡轮机叶片。创客实验室配备了 3D 打印机，学生设计好涡轮机叶片后可将其打印制造出来，并与现有的风力涡轮机模型进行比较。

有效地利用工具完成任务

在创客实验室的一个小时里，爱丽丝和伊娃在iDEA Pad上设计和测试了四个叶片模型。创客实验室的指导教师阿隆索先生擅长用启发探索式的问题来为学生们接下来的设计提供建设性的反馈和指导。例如，他会问爱丽丝，是什么导致涡轮叶片的转速增加？涡轮叶片的大小会影响发电量吗？风速是如何影响叶片速度的？他还要求爱丽丝为自己的观察寻求数据支撑。

师生之间有效合作

上午11：15

好奇心、想象力和创造力

从创客实验室出来后，爱丽丝前去公共教室上阅读课。学生们可以在数万本环境科学类的电子书中自行选择书目，然后开始阅读。爱丽丝读了两本关于亚马孙雨林的书。书里讲到了一英亩（约合4047平方米）的森林里令人眼花缭乱的生物多样性，这让爱丽丝感到不可思议。于是她用iDEA Pad创建了亚马孙雨林的局部三维全息图，可以看到各种昆虫和动物在其中或飞行、或疾走。爱丽丝的同学艾德里安和丽莎对这个全息图很感兴趣，他们问了爱丽丝一些关于雨林动植物的问题，并建议在全息图中加入一条小溪，更好地反映亚马孙雨林丰沛的水体。

有效地利用工具完成任务

中午12：15

批判性思维和解决问题的能力

午饭时间，爱丽丝在学校的餐厅吃自己带的午餐，同时和小伙伴们讨论各自的课题和进展。劳尔的课题是为学校设计堆肥，并探索在当地社区增加堆肥堆的可能性，以此减少垃圾，并为社区提供免费的肥料。另一个小伙伴迈克尔分享了一个故事，这是他在为清洁水体垃圾这个课题搜索资料时读到的。这个

主动性和首创精神

故事讲的是博扬·斯拉（Boyan Slat）和他那不可思议的发明——海洋吸尘器，这个吸尘器能清理海洋中的所有塑料瓶。迈克尔想集思广益，设法制作一个小型的海洋吸尘器来清理当地的河流。爱丽丝最好的朋友米歇尔正在策划一场社区清洁趣味跑，所有参加的志愿者要跑五公里的路程，并清理掉沿途的垃圾。

中午 12：45

解决值得解决的问题

课间休息时，爱丽丝出去做了些体育运动。她参加了小女孩都喜欢参加的各种运动，为忙碌的上午减减压。在之前的一个教学主题（“语言的力量”）中，爱丽丝所在的小组向校长做了一次颇具说服力的演讲，她有理有据地建议课间休息增加 10 分钟。所以阿卡迪亚小学的学生现在每天有 45 分钟的休息时间，每周还有两次额外的休息。

灵活性和适应性

82 下午 1：30

获取信息、分析信息

爱丽丝和组员们一起确认了课题开始以来已经完成的工作，他们要给其他同学以及远在南极洲的艾弗里博士做一次汇报演讲。负责汇报开场的是诺兰，他告诉大家，学校每天要产生超过 500 磅（约合 227 千克）的垃圾。然后组员们分享了减少垃圾排放量的一些方法，以及如何与纳尔逊先生进行合作，并指出学生团体可以借鉴他们的方法来减少垃圾的产生，因为过去两周他们成功地使学校的垃圾产生量减少了 47%，从 500 磅减到了 235 磅（约合 107 千克）！

下午 3：00

有效的书面和口头沟通能力

艾弗里博士也与大家分享了她在南极洲研究环境污染的一些工作。她用 15 分钟左右的时间大致讲述了自己的工作。爱丽丝小组的汇报做得绘声绘色，他们借鉴艾弗里博士的方法在学校实施了一个垃圾减排计划，并取得了不小的成功。汇报的 20 分钟里，艾弗里博士、克拉布特里老师和同学们听得都很认真，并提出了各种问题。整场汇报非常出色。汇报结束后，克拉布特里老师要求每个小组成员就课题和实施过程写一份个人总结，并将材料归入学生的个人档案。

讲好故事

下午 3：45

协作能力

爱丽丝这一组还仔细听了另一个小组关于保护濒危物种的报告。这个小组的进展不如爱丽丝小组顺利，所以大家给他们提了一些建议，希望帮助他们做好下一步的工作。刚刚做完全息立体模型的爱丽丝，建议他们也用类似的视觉模型来展示错综复杂的食物链，并设计物种消失的场景，直观地展示出每个物种对食物链的影响。小组成员们都很感谢给自己提意见的人。

下午 4：00

放学回到家后，爱丽丝让伊娃播放她最喜欢的歌单，然后边吃点心边背诵她读过的一本书。完成家庭作业后，她又回顾了一下白天接触到的新东西。

下午 4：30

伊娃这时向爱丽丝汇报今天收到的 23 条消息：一些是爱丽丝的父母发来的视频，一些是爱丽丝的朋友问她什么时候能一起玩，还有一些表扬了她今天的汇报表现，甚至有一个新加坡学生发来邮件表示对爱丽丝的垃圾减排工作很感兴趣。

下午 5：00

为了能尽快和小伙伴一起玩，爱丽丝快速吃好晚饭。

下午 6：30　吃完晚饭后，她和家人朋友一起玩一个叫作《突触》的电子游戏。游戏玩家在密如蛛网的隧道中赛跑，比谁的用时最短。这个游戏还能帮助神经外科医生确定患者的神经通路。15 亿玩家已成功帮助 20 多名患者重建神经功能。

晚上 7：30　爱丽丝将伊娃设置为关机充电模式。准备睡觉前，她还要再读一本书。

晚上 8：30　爱丽丝渐渐进入梦乡。明天又是新的一天。

83 爱丽丝一天的学校生活充满了令人兴奋而有意义的主动学习经历，更重要的是，它代表了一种反映了瓦格纳（Wagner，2010）和伦格尔（Lengel，2012）等人的未来教育理念的学习模式。如果我们想让学习者为踏入社会后将面临的诸多挑战做好准备，我们就必须借鉴这种学习模式，把学校从传统的内容灌输者转变为未来所需技能的培养者。

11 个关于 2038 年教育的预测

新兴趋势表明，2038 年的学习方式与现在将有很大不同（McCain，Jukes，& Crockett，2010）。根据前面描述的小爱丽丝在 2038 年的一日生活，我们对 20 年后的学习做了 11 个预测，并提出了一些可以帮助教育者和决策者为未来做好准备的方法和策略。

关于 2038 年教育的 11 个预测

1. 适时学习将成为主旋律；
2. 学习将在虚拟世界和现实世界随时随地发生；

3. 学习将是终身的事情；
4. 学习将变成以学习者为中心的个性化、非线性学习；
5. 学习将变成全面心智的学习；
6. 学习将基于现实世界展开；
7. 学习将以探索和发现为基础；
8. 学习将侧重于处理多媒体信息；
9. 学习将注重协作性；
10. 学习将受到人工智能、智能设备和大数据的辅助；
11. 学习和评价将更加全面真实。

接下来，我们就一一细看这 11 个预测。

预测 1：适时学习将成为主旋律

第四章我们介绍了适时学习和“以防万一”的学习的概念。当下这个时代将越来越要求学习者进行适时学习，而不是很多学校现在还在采用的“以防万一”的学习。两者存在巨大的差别，后者的目的是有备无患：万一考试会考呢？万一工作时会用到呢？万一是重点内容呢？学校必须教会我们的下一代终身学习的能力，因为世界面临着信息大爆炸。2020 年全世界的信 84
息量每 20 分钟将翻一番，意味着全世界的信息量在一堂 60 分钟的课结束时已经膨胀到 8 倍之多（Rankin，2011）。

适时学习与上世纪 80 年代初商界的一项改革颇为相似。当时，产品制造发生了一个根本转变，出现了应时配送服务

(Hindle，2009)，企业不再大量囤积库存，而是在客户下单后才开始订购所需的原材料。

我们生活在一个各种信息唾手可得的时代，我们的学习也需要转向适时学习，只有在必要的时候才去搜寻需要的信息和概念。例如，企业周期性地安排员工离岗培训，学习新技术、新方法和新技能，帮助他们在工作中保持高绩效，就是适时学习的道理。

我们在第三章说过，现代人在 20 岁之前获得的知识和技能，在他们 40 岁甚至更早的时候就会面临过时的风险。依此预测，2018 年的学生将需要在日后的工作生涯中多次更新自身的知识储备，才能适应职场的要求。也由于此，我们必须不断管理自己的职业生涯，不断思考下一步，思考如何才能在一个不断变化的世界保住工作和竞争力。这股市场的力量将推动学校拥抱适时学习。

适时学习的相关资源

1. 视频网站。现在的学习者觉得看视频比看教科书学得更有意思。视频网站上有大量资源，可以教观看者学习一些新技能（Donchev，2017)。这类网站体现了适时学习在未来的趋势，它已经成为教育者和学习者的一个强大学习工具。学习者可以学到玩电子游戏的新窍门、修自行车链条的方法，或者单纯获得开心和快乐。他们还可以分享自己的观点和经验，帮助其他人解决问题或学习新技能。传统的教学是很难与这种实时在线的视觉化学习相竞争的。

2. 可汗学院。另一个优秀的学习平台是可汗学院，学习者可以在上面学习任何科目。练习活动、教学视频和个性化的学习选择让学习者能够在校内校外的任何时间、任何地点根据自己的速度学习数学、历史、科学、经济学和计算机编程等免费课程。

3. 在线搜索。秘鲁的首都在哪里？火星和地球之间相隔多远？为什么海上会有潮汐？老师们每天都要面对学生提出的各种问题。但若是直接把答案抛出来，其实削弱了学习者的能动性，并且将寻找答案的责任直接放到了老师们身上。我们要记住，课堂上最努力的人不应该是老师，而应该是学生们自
己。我们后面还要再次强调这句话。老师不仅要培养学生提问 85
的能力，还要发展他们利用工具和资源解决问题的能力。为此，学习者需要一个可以自由使用网络资源的环境，可以搜索各种书籍、数字资源和非数字资源，来寻找问题的答案。此外，他们还需要学会必要的信息处理和分析技能，才能有效浏览大量信息，并甄别真实信息和虚假信息。

预测 2：学习将在虚拟世界和现实世界随时随地发生

150 多年来，我们的社会已经习惯于学习者前往学校进行学习。可未来并不一定还是这样，这可能会让很多人感到震惊，毕竟我们花了大半生的时间在学校进行学习和教学。全球数字网络的发展从根本上改变了旅行的概念。几乎每个人都可以用个人随身电子设备随心所欲地访问任何地方。

现今的绝大多数信息和交流都以数字形式呈现和进行，教育必须利用好这一点。随着全球数字网络的迅速覆盖以及个人移动设备的持有量继续增长，学校可以利用广泛且多样的数字工具、软件、程序和资源，创建个性化的虚拟学习环境，学习者将在这样的环境下随时随地以自己的节奏进行学习。

因此，未来的学习将不再局限在某个特定的地点或单一的来源。学习者可以随时随地与老师和同学保持联系，家里、办公室、社区里或任何地方都可以是学习场所。

随时随地学习的相关资源

1. 视频会议。数字化设备让人们能轻易地与彼此连通。网络电话工具让教育者和学习者之间能以各种形式进行信息传送和召开视频会议：学生之间、学生与小组之间、小组与小组之间、班级与老师之间、班级与班级之间、班级与专家之间等等，都可以实现。

2. 学习管理系统。很多教育机构会使用学习管理系统或学生信息系统来获取一系列教育支持服务，如管理、归档、跟
86 踪、报告、讲授课程或提供培训。

3. 播客。学习者可以利用网络资源进行业余学习。在手机上下载和收听播客是学习者进行随身学习和探索的一种方式。以一个名叫“连载”的播客为例，截至 2016 年 2 月，其订阅用户已超过 8000 万，曾引发了全球关注。

4. 线上课程。优达学城、Coursera 等平台的在线课程库为学习者提供了不一样的学习体验。学习者可以依照自己的兴趣探索热力学、计算机编程、摄影、烹饪、理论物理、创意写作等成千上万个课程和科目。学习无须再局限于传统的教室，无须再遵守学校作息时间。

预测 3：学习将是终身的事情

21 世纪的学校必须帮助学习者做好终身学习的准备。我们在第三章分析过新型全球经济下的职业生涯发展趋势，可以想见我们的下一代将在他们的职业生涯中从事 10—17 份不同的工作。这里指的并不是同一企业或同一行业中的不同岗位，而是完全不同行业中的工作（Doyle，2017）。

在未来社会，工作变动如同家常便饭，学校教育必须帮助学生为此做好准备。这一论断的证据来自美国劳工统计局 2017 年公布的数据：平均每两个雇员中就有一个入职不到一年，每三个雇员中就有两个在同一家公司待不过五年（U. S. Bureau of Labor Statistics，2017）。此外，帮助学习者为未来的就业趋势做好准备也意味着学校要拥抱各种学习资源，让学生懂得如何利用这些资源深入钻研。他们不仅要在上学期间坚持自主学习，毕业进入工作环境后也必须持续学习。

终身学习的相关资源

数字化时代带来了前所未有的学习机会（正式学习和非正式学习）。社区学院、继续教育学校、图书馆和其他形式的继续教育资源已经为我们服务了几十个年头，为那些想要加薪、升职或换工作的人提供了多领域的正规教育和职业培训。

而现在，我们所处的这个颠覆性时代为终身学习和适时学习带来了新的机会。

1. 线上资源和课程。我们已多次提过 YouTube、Woz U 和 Coursera 这些能提供线上资源和课程，让学习者可以在任何时间、任何地点进行学习的服务平台。质优价廉的大规模在线开放课程
87 （MOOC）让我们在自家客厅就能自由安排各种各样课程的学习。
还有成千上万种在线工具让我们能轻松管理和分享知识。

2. 社交媒体。数字化一代习惯在各种社交平台上交流、合作，分享他们的见解，获取海量知识。很多教育者也已经在社交平台上创建了个人主页或专业学习主页，分享自己的独特想法和资源。

3. 主动性。做好一名教育者是一项艰巨的任务，职业挑战永远不会消失。而且这些挑战经常会化身不速之客，远比在职业能力培训和专业发展培训期间遇到的问题要难处理得多。无论资历多高或者经验多丰富的教师，都必须以开放的心态接受传统教育渠道以外的学习。劳动者、父母、学生和教育者本人都必须不断学习。学校不该是培养新技能和获取新知识的唯

一场所。学生离开学校后必须保持学习、读书、向他人求教、与他人交往、与时代齐行的自觉性，并通过自觉主动的提升，跟上时代的步伐。

预测 4：学习将变成以学习者为中心的个性化、非线性学习

传统教育侧重千篇一律的课程，用的是死板僵化的教育方法。这种方法想当然地认为所有学习者都能以同样的方式、在同样的时间内学习同样的东西。

而实际并不是这样。我们在第三章辍学问题一节中简要提到过，美国的高中生辍学率现在仍然很高。尽管 2015 年后有所改善，但仍有近 20% 的学生选择辍学，这是我们无法接受的（Camera，2015）。我们尽可以把问题归因到辍学的学生身上去，但 2014 年的一项研究表明，导致学生辍学的两大主要原因是糟糕的学业（占 27.6%）和无聊的学校（占 25.9%）（Gould & Weller，2015）。

威廉·巴特勒·叶芝（William Butler Yeats）曾说过："教育不是灌满一桶水，而是点燃一团火。"教育者的工作是激发学习的热情，这种热情仅仅燃烧一天、一周或一个月是不够的，它要燃烧一辈子。教育不能再试图掌控学习者了，它必须赋予学习者探索未知的能力，点燃他们的激情，必须帮助学习者为今后的整个人生做好准备。

个人数字化设备也打破了学习的时间限制，学习不必在下课铃响、单元结束或学期结束时戛然而止。学区也不必按一年 180 天、每天五个半小时的传统安排学年和上学日。新兴技术的

使用让学习更加个性化。这种个性化的学习提供了多样化的教
88 育项目、学习经验、教学方法和学业辅导策略，以满足不同学生的不同学习需求和兴趣（The Glossary of Education Reform, 2015）。一年365天，一天24小时，学习者可以随时随地获取学习资料。这是一个巨大的改变，意味着驱动学习的将是需求和兴趣，而不是铃声、日历或课程。

个性化学习资源

1. 学生个人携带数字化设备。学习的定制化和个性化要从学习者日常使用的工具和设备开始。学校里一个流行的趋势是自带设备，指的是学习者将他们的笔记本电脑、平板电脑、智能手机或其他移动设备带到学校中使用。这不仅能帮助学校节省开支，同时还能提高学习者的学习产出，因为他们已经习惯了使用自己的设备来解决问题。更重要的是，自带设备能使教育者免于频繁地教学生使用新软件，而将主要注意力转移到教学上。换句话说，教师将更关注学习任务，而不是学习的工具。

2. 学习中心。学习中心是另一种提高学生能动性的途径，它为学习者在校园环境中行使自治、自主的权利创造了条件。教师会在以学习为中心的各个空间精心安排教学活动，并为学习者提供探索新事物的必要工具和材料。这种做法有助于学习的去中心化，并能让学习者自行选择学习项目。这些活动都建立在动态的学习环境中，教师可以在其中来回巡视，并与学习者进行个性化的交流。

3. 天才一小时。天才一小时也被称为“20%时间”，指的是允许学习者用20%的规定学习时间去探索系列主题或个人感兴趣的领域。像谷歌、3M和苹果这样的公司（Baldwin，2012；Mogg，2012）就允许员工将20%的工作时间用于开发个人感兴趣的项目，并且已取得巨大成功。在传统课堂上，尽管教师也会允许学习者自由探索个人兴趣领域，这激发了他们的内在动机和自主性，但还是没有把学习的控制权交给学习者。正如苹果公司的“天才吧”为顾客提供店内技术支持一样，教育的“天才一小时”可以为学习者提供与同伴分享学术和非学术领域的专业知识和专长的平台。

4. 全方位学习设计。另一种实现教学多样化的方法就是利用全方位学习框架。该框架（见图6.1）以人类学习机制和教学改进的相关研究为基础，为旨在增加个性化学习机会的课程开发指出了若干原则。它提出的灵活的教学目标、教学方法、教学材料和教学评价，使教育者能兼顾学习者的多样化学习需求（Center for Applied Special Technology，2011）。

5. 学习者也是产消者。学习者必须通过创作和发布多媒体作品来分享自己的观点。数字化一代有大量的时间花费在消费多媒体内容和生产多媒体内容上，他们已经从多媒体消费者转变为多媒体产消者（既是消费者又是生产者）（Jukes et al.，2015）。多媒体产消者能在互联世界中向真实的观众展示自己，分享兴趣、见解和特长等。

	提供多种参与方式 情绪网络 解答“为何学习” 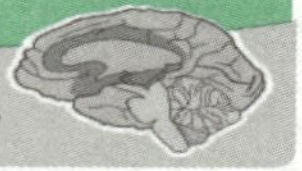	提供多种表征方式 认知网络 解答“学习什么” 	提供多种行动和表达方式 策略网络 解答“如何学习” 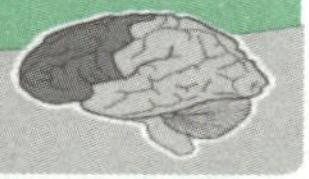
导入	通过多种方式 吸引兴趣 ·个人选择权和自主权最大化 ·适切性、价值性、真实性最大化 ·威胁、干扰最小化	通过多种方式 丰富感官 ·养成展示信息的习惯 ·提供用声音传达的信息 ·提供用图像传达的信息	通过多种方式 实际行动 ·回应和引导的方法多样化 ·尽可能提供工具和辅助技术
构建	通过多种方式 刻苦学习并持之以恒 ·强调目标的重要性 ·提供多样化的要求和资源，使挑战最大化 ·促进合作和团结 ·增加以掌握为目标的反馈	通过多种方式 强化语言和符号表达 ·阐明词汇和符号 ·阐明语法和句子结构 ·对解读文本、数学符号和其他符号提供支持 ·提倡跨语种的理解 ·用多媒体做出解释说明	通过多种方式 表达和沟通 ·使用多媒体沟通 ·使用多种工具拟订提纲和组织语言 ·通过对实践和表现提供分等定级的辅导，达成精熟水平
内化	通过多种方式 自我管理 ·提高期望，坚定信念，增强动力 ·引导形成个性化的技能和策略 ·发展个人评价和反思能力	通过多种方式 深化理解 ·唤醒或者补充背景知识 ·强调规律、关键特征、大概念和关联性 ·指导信息加工和可视化加工 ·最大程度地促进迁移和拓展	通过多种方式 有效执行 ·指导制订恰当的目标 ·支持做计划和制定策略 ·引导信息管理和资源管理 ·提高监控进程的能力
目标	专业的学习者 目标明确，充满进取心	资源丰富，博闻强识	讲究策略，以目标为导向

图6.1　全方位学习设计指南

来源：CAST（2018）. Universal design for learning guidelines version 2.2 [graphic organizer]. Wakefield，MA：Author.

预测 5：学习将变成全面心智的学习 90

虽然很多大脑功能仍未得到科学家的解释，但现代科学的发展已帮助我们更好地理解了一些与大脑相关的奥秘。我们对于大脑如何运作和学习也有了越来越深刻的理解。

传统观点认为，人类大脑从三岁起就趋于稳定，但是我们已经发现，数字化一代的大脑一直在不断构建新的思维模式，这影响着他们与世界互动的方式（Jukes，McCain，& Crockett，2010）。本章开篇，我们介绍过这种现象，并称之为神经可塑性，即人类大脑重建神经结构，甚至发生大规模变化，如持续不断的皮质映射重建的现象。

数字时代的海量信息不断冲击着人类的大脑，迫使个体发展出身心顺势而变的技能。而学校正好可以利用这一点，为学习者大脑的持续发展提供最适合的资源。

如何实现全面心智学习

1. 提供多样化的学习体验。多样化的学习体验才能激发学习者的认知潜力和想象力。而这在传统的教室里很难做到。教育者必须设计出能够刺激学习者大脑不同区域的学习体验和活动。

2. 让学生动起来。在课堂中引入体育运动和锻炼。从生物进化角度来看，人类每天需走 20 英里（约合 32 公里）的路（Medina，2008）。体育锻炼能促进脑细胞修复所需的神经化学物质的产生，提高记忆力，延长注意力持续时间，改善决策能力，促进血细胞和血管的新生，提高多任务处理能力（Heid，2011）。

一些简单的任务和运动，如开合跳、走路、抢椅子、弹跳或接球游戏等，都是把运动带入课堂的典型方式。教育者有多
91 种方式将运动融入课堂，包括组建工作站和学习中心，在教学过程中频繁切换活动等。还有一种叫 GoNoodle 的在线服务，上面有数百个能让学习者跑起来、跳起来、舞动起来、伸展身体或练习专注的视频。

3. 利用音乐。迈阿密大学负责音乐治疗项目的特里萨·莱西乌克（Teresa Lesiuk）教授发现“听音乐的人比不听音乐的人能更快完成任务，想出更好的主意，因为音乐能改善人的情绪”（Padnani，2012）。对正在用功的学习者而言，音乐可以是一个很好的激励，可以把它作为努力专注或积极表现的奖励。将音乐融入课堂，在课堂活动中播放音乐，能激发学习者的大脑活动和学习生产力。因为悠扬的旋律能刺激大脑释放多巴胺，而多巴胺能带来即时的满足感和愉悦感。而将这种积极的感觉与课堂体验联系起来，也极有可能改善学习者的长期学习习惯。

4. 创建创客空间。创客运动正在孕育一种从实践中学习的充满活力的文化。创客们摆弄各种材料和工具，创造新产品、探索新概念、开发新技能。不确定的未来和不稳定的经济要求我们的下一代不断用创新的方式解决新问题。而要做到这一点，新的技能如制造、编程、创造力、设计和研究能力等必不可少（Martinez & Stager，2013）。创客活动和实践将有助于培养这些基本的未来技能。

5. 鼓励学生养成良好作息习惯。老师们也可以通过鼓励学生养成良好的作息习惯来提高他们的学习表现。波士顿学院的研究人员发现，美国学生严重缺乏睡眠，其中 9 岁和 10 岁的学生中有 73% 的人（据他们的老师称）受到缺乏睡眠的严重影响，13 岁和 14 岁的学生中这一比例则达到 80%（Coughlan，2013）。睡眠不足会大大降低认知能力（Jensen，2008）。教师和家长都必须向学生强调充足睡眠的必要性。

6. 优化学习环境的设计。学校必须为学习者提供舒适而有吸引力的学习环境。间接或多样化的光源、良好的通风、有活力的色彩、引人注目的视觉呈现以及杜绝干扰物是让学生沉浸学习的必要条件。学习者可能更想坐在平衡球上，而不是硬邦邦的塑料椅子上。做任务时，他们可能想站着，或者趴在地板上，而不是坐着。教室温度应该保持在 68—72 华氏度（20—22 摄氏度）之间，因为这是身体感觉最舒服的温度，也是大脑认知功能运行的理想温度（Jensen，2008）。

预测 6：学习将基于现实世界展开

工业时代的学业成功建立在学生记忆大量内容的基础上，教育者和雇主看好那些顺从且能根据需要反刍大量信息的人。然而，这样的能力并不足以让一个人在当今的信息时代立足。教育者能够把学生所需的全部知识和能力塞进他们的大脑的时代，已经一去不复返了。

诚然，现在的学习者仍需记忆一些内容，但未来的职业将更多地强调建立联系、思考问题、解决现实场景和应用型难题，而不是记住多少东西。

92 死记硬背在未来绝对还有用武之地，但我们的世界将更加重视学生学以致用、知识迁移的能力，即将所学知识用来应对现实问题和挑战的能力，而不仅是对信息进行处理。

21 世纪的信息保质期越来越短，信息甚至变成一次性消费品。这意味着专门化内容必将让位于一般性知识。换言之，当死记硬背式的学习转向更有运用价值的学习时，专才也将转向通才，后者拥有处理大量瞬态信息所需的高效分析处理能力。尽管医学、法律和科学等领域总有专家的位置，但招聘机构米高蒲志公司（PageGroup）对 2000 名白领进行的调查发现，员工的专业技能往往在他们进入新工作后的两年内就被稀释了（HRreview，2013）。这意味着未来的成功将不仅依赖于我们能记住的信息，还将取决于我们感知信息、将信息转化为知识、将知识应用到现实场景的能力以及终身学习的能力。

基于现实世界的学习资源

1. 将外部世界融入课堂。这对学习者、学校和社区都是一个令人振奋的契机。教育者一直把实地考察作为重要的教学内容。这些考察让学生能够走出学校，走进社会这个大课堂中去体验和学习。当地的农场、博物馆、消防站和社区等是学校常为学生安排的实地考察地点。

2. 开展社区项目。社区项目涉及个人或团体为他人利益所做的志愿工作，通常在学校附近的社区开展，它能增进当地居民的福祉。社区项目的服务对象包括儿童、老年人、残疾人，以及动物和环境。

3. 基于场景的学习。基于场景的学习（scenario-based learning，SBL）是一种利用交互式场景来促进学生主动学习的
教学策略。它让学生通过故事情节来了解和解决问题。基于场
景的学习是一种理想的教学方式，因为它能让学生从真实世界 93
获取并应用知识。下面这个例子中，老师就把平面坐标这一学
习内容应用到了真实场景中。

由于自然和人为的原因，珊瑚礁正受到加速侵蚀。为防止它们完全灭绝，人类开始将退役的舰艇沉入海底，期望以此促进珊瑚礁的繁殖，因为船身能提供珊瑚礁生长的有益环境。

在这一背景下，老师告诉学生们，当地的科学中心正在赞助一个珊瑚礁设计大赛。参赛小组要做的是确定新的人工礁的位置，然后利用平面坐标知识来定位和记录这些珊瑚礁的理想位置。设计者还要识别和绘制出现有珊瑚礁的位置，以避免危害海洋生物。

在这个过程中，参赛者面临的挑战是把船安全地沉入海底，开启珊瑚礁的生命周期。参赛小组最后要提交一份报告，说明新的珊瑚礁位置、用于保护环境的安全措施，以及新珊瑚礁将为该地区带来的好处。

基于场景的学习有助于学习者将所学知识应用到实际问题中，同时也让他们对今后的专业领域中要经历的各种挑战有所准备。

预测 7：学习将以探索和发现为基础

传统的教学方法意味着教师要向学习者灌输知识。因为随着年级的递增，课程内容也越来越多。为了保障学生完成学业，教师只能加快步伐、加大剂量地进行灌输。这也是越高年级的教师越爱使用讲授式教学的原因。如果一门课包含大量内容，且必须在规定时间内讲完，老师们必然会生出向学生猛灌知识的冲动。从亚里士多德时代（甚至更早）开始，教学就是指教师将自己的知识和智慧传授给学生。

正如我们的教育同行及同事泰德·麦凯恩（Ted McCain，2005）所说："教以讲为重，学以听为重"已经成为许多教育者默认的教学方法。教师们正式走上讲台之前所接受的职前培训
94 就在不知不觉中向他们灌输了这么一种旧式观念，即越往高年级就越要注重以讲为教、以听为学。

可问题是，经研究证明，这种教学方法并不是最有效的。它几乎不能反映过去 150 年来我们在人类思考模式和学习模式上取得的研究进展，更不能反映教育的未来。以讲为教、以听为学的教学方法是最低级的认知处理方式（Medina，2008）。

这种教学方法的效果之所以不尽如人意，主要原因在于学生无法在其中发挥出主观能动性。很多教师会反驳道，在教学内容中添加丰富多彩的照片、录音、网站、演示文稿、电影和视频等，就能提升课堂的学习体验。虽然这是一种值得称赞的做法，但我们必须意识到，用多媒体展示来强化以讲为教、以听为学的教学方法，其本身并不能帮助学习者培养现代社会越

来越需要的高层次思考和学习能力。这种以教师为中心的教学方法仍然把学生作为信息的被动接受者，而不是学习过程的积极参与者。

数字化一代成长于万物互联互动的多媒体数字化环境中，他们通过获得的信息主导自己的行为和步调。这与课堂环境形成了鲜明的对比。课堂上，教师把知识和盘托出，希望学生乖乖听讲，而不是让学生自己发现知识。这样会剥夺探索和发现的乐趣，泯灭好奇的天性和由惊喜带来的快乐。

兴趣是学习最好的老师，兴趣来自探索。理查德·索尔·沃曼（Richard Saul Wurman，1989）这样解释兴趣：“我们可以把学习看作获取信息的过程，但在这之前，必须有兴趣。兴趣先于学习。要想获取并记住新知识，就必须以某种方式激发出好奇心来。”（p. 20）

沃曼（Wurman，1989）认为，没有兴趣或脱离情境的学习 95
就像一块只有一面所以失去用途的魔术贴。而教师的工作就是提供魔术贴的另一面，也就是激发学习者的兴趣，只有这样，知识才能留在学习者的脑海中。我们相信，激发兴趣是教育者最重要的任务。

但这并不意味着我们必须摒弃讲授这个教学方法。讲授仍有它的用武之地。不过为了平衡，教师们必须时不时地引导学生进行发现式学习。探索对年轻的心灵而言是一段不可思议的旅程。即使是再老旧的学习内容，只要它对学生来讲是新奇的学习内容，就能开启一场充满乐趣和刺激的学习之旅。

探索发现式学习的相关资源

1. 表演是一种能让学习者与内容建立联系并激发学习者主观能动性的互动型学习方式。教师可以让学生根据学习内容表演一台短剧或舞台剧。随着表演的进行，表演者和观看者都能有新的发现，比如为什么在《泄密的心》［改编自美国作家爱伦·坡（Edgar Allan Poe）的短篇小说——译注］里，谋杀者听到了心跳的声音？为什么布鲁图斯要刺杀恺撒？四个人如何划着一艘只能容纳两人的独木舟成功过河？通过口头语言和肢体语言的表演，任何年级、任何学科的学生都有机会参与一场既有趣又有意义的探索发现之旅。

2. 网络探索。网络探索是 20 世纪 90 年代中期由伯尼·道奇（Bernie Dodge，1995）在圣地亚哥州立大学开发的一种基于探索和问题的网络学习方式。在此过程中，学生要用到的大部分或全部信息都来自网络。网络探索由以下六个步骤组成。

- 引入：引入部分相当于整个网络探索的舞台布景，它要起到吸引学生的学习兴趣、激发学生的参与热情并将学习体验与探索单元或主题联系起来的作用。在这之后探索活动便围绕着各个部分的基本问题或指导性问题开展。
- 任务：任务部分告知学生本次探索活动具体要做什么，活动结束时要交出什么成果。该部分必须明确说明对学生的要求和期望。
- 过程：该部分详细地告知学生如何循序渐进地完成任务。

- 资源：完成任务所需的材料、链接和文档等资源。
- 评价：该部分对教师如何评价任务和最后产出进行说明，通常会有一个评价表或打分表。
- 总结：即学生交付产出。教师和学生总结在完成这个活动或探索课程中学到的东西，并思考和回答课程提出的基本问题和指导性问题。

3. “神秘交流”。“神秘交流”是一个能将世界各地的教室连接起来的教育类游戏。教师们知道和自己的班级连线的世界另一头的班级在哪里、都有谁，但学生们是不知道的，他们的目标就是通过问“是不是”的问题（例如，“你们是不是在南半球?”）来确定这个班级的位置信息。这类学习体验能让所有学生都有参与感，并帮助他们精通地理知识。它有助于： 96

- 培养全球意识、建立全球联系；
- 培养批判性思维技能；
- 学习地理知识；
- 培养听说能力；
- 促进学生主导型教学；
- 培养信息素养；
- 建立真实的研究目标；
- 促进合作与交流；
- 丰富挑战型学习经历；
- 增加全球伙伴；
- 培养全球化礼仪。

预测 8：学习将侧重于处理多媒体信息

发育分子生物学家约翰·梅迪纳（Medina，2008）的研究表明，人们在看完 2500 多张图片（每张只看 10 秒钟左右）的 72 小时后仍能以 90%的准确率记住其中的内容，一年后仍能以 63%的准确率回忆其中的内容。然而，这项研究也表明，对于那些没有图像或视频支撑的口头给出的新信息（例如，一段不包含任何视觉元素的汇报），72 小时后信息接收者就只能够回忆出约 10%的信息。

梅迪纳认为这是传统讲授方式效率低下的一个明证。另一点值得注意的是，若在口头给出新信息后再向信息接收者展示相应的图片内容，那么回忆准确率能从 10%上升到 65%（Medina，2008）。

97 让我们来解释一下背后的原委。数字化一代从童年开始就受到电视、网络、电脑游戏在视觉、听觉、触觉（甚至很快就会有嗅觉、味觉和 3D）体验上带来的冲击，这些信息丰富多彩、表现力强、高度还原真实，但很少出现文本。

图像和视频本身就是传达信息的有力载体。对于所有年龄段的人，尤其是年青一代（2005 年后出生），文字的作用越来越多地是补充图像和视频内容（Morrison，2015）。这种无处不在的长期影响显著提高了年青一代的视觉加工能力，使他们能够自如地用视觉形式来解释和传达信息。和数字化一代玩过电竞游戏的人大概就知道，年青一代的视觉空间技能是高度发达的。梅迪纳（Medina，2008）的研究指出，他们已架起了一个自由切换数字化世界和现实世界的界面。

对此，20 世纪的学习者是很难理解的，因为这不是我们成长时所经历的环境。我们所受的教育是以书本为基础的，交流主要是通过纸质媒介和文本进行的，学习也是以线性化、逻辑化的秩序为特征的。

那么这样的变化对教育和教育者而言意味着什么呢？学校之外的世界已习惯了视觉交流。在教学过程中，教育者也可以允许学习者使用视频和其他视觉媒介来进行表达，利用视频制作工具（过去需花费大量金钱购买，但现在可以免费或便宜地获取）创作出色的内容。这样一来，他们的世界便会少去很多文字，多出很多图像；他们的大脑和数字化设备、电子游戏、互联网相连接，快速地输出和接收各种内容、数据、图像和视频。

目前有研究明确指出，除去 10%精通读和写的人，一般人通过看视频然后交流视频中的学习内容而获得的知识，要比通过读文章然后写学习总结获得的知识来得更快、更有效率，也更牢靠（Treadwell，2016）。

该研究也表明，游戏能比课本更好地帮助学习者学习地理、历史、物理和解剖学等基于事实的学科，同时游戏还能提高视觉协调性、认知速度和手脑灵活性（Treadwell，2016）。所以现在有些学校不再注重书写，而是让学习者使用数字化设备来辅助学习。

在 20 世纪教育模式下成长起来的一代人可能无法想象一个不再依靠文字的世界，也可能无法接受我们接下来要讲的话。
即便如此，我们还是要意识到，下一代的交流方式正日益从传 98

统的阅读和写作方式转变成现在的多媒体视觉方式。当然，阅读和写作永远（或者至少在可预见的未来）都是重要的能力，但在这个日益视觉化的世界，我们相信视觉沟通和视觉设计必须成为每个年级和每个学科的学生日常课程的一部分。

现代数字媒体从根本上改变了我们所有人作为多媒体产消者所需要的基本技能。学生和教师都必须具备用多媒体进行有效沟通的能力，就像20世纪的学生和教师通过文本和讲话进行交流那样。

毫无疑问，读、写、算这三项能力仍然至关重要。然而，传统能力在现代社会已经不够用了。学生和教师都需要掌握现代信息沟通技能，如图形设计原则、排版对思维的塑造作用、如何有效使用颜色、照片构图原则、音频的制作原则、视频的制作原则等，更不用说还要将这些技能有效整合在一起，和不同的受众进行交流。

多媒体信息处理的学习资源

1. 视频网站。视频网站上包含了大量引人入胜的视频，学习者可以在其中搜索特定主题并找到大量相关的视频学习资源。学习者可以在视频学习平台上针对自己感兴趣的主题开展有效搜索和研究。此外，学习者还可以在这些平台上传自己的视频，创建自己的频道和播放列表，吸引观看者订阅，由此成为某一领域的专家。教育工作者则可以使用这些平台上的视频资源配合自己的教学、导入或复习。

2. Playposit。教育工作者可以利用 Playposit 这个工具引导学习者学习视频内容。首先，教育者在其他视频学习平台上找到合适的视频资源，然后用 Playposit 创建问题、开展投票和调查，或就视频内容对学习者进行测试。

3. Edpuzzle。Edpuzzle 是一个为师生开发的视频平台，能将视频资源变为教师容易上手的实用教学工具。教育者首先需要找到、上传或创建一个视频（可以从视频网站导入），然后就可以在视频的适当位置插入问题、音频、文本和超链接。内容制作完成后就可分享给全班学生，后者使用“班级代码”进行注册和学习。学习结束后，教师可以对学生的参与情况、开放式问题回答情况进行评价和评分。

预测 9：学习将注重协作性

研究员、执行顾问和作家莉兹 · 怀斯曼（Liz Wiseman, 2014）在她的《新手的智慧：为什么工作中学胜过懂》一书中这样说道：“我们这个世纪最重要的能力不是你知道多少，而是你利用和获得他人智慧和信息的能力。最优秀的领导者和学习 99
者知道如何利用集体智慧。”（p. 10）

能够与他人合作完成项目或任务至关重要，因为合作让团队的力量大于个人。当今这个高度互联互通的现代世界更是对协作能力提出越来越高的要求。

很多企业正采用新的方法来发展项目团队，包括在处于不同时区的多个地点开设分公司。需要协作的工作可能包括工程、法务研究、会计、网站开发、市场营销或编程等等。

企业有新项目时，往往会组建一个跨时区的工作小组。美国东海岸的小组成员下班回家时，西海岸的工作还在继续进行。第二天一早，东海岸的工作开始了几个小时后，西海岸的小组成员才开始工作。利用这种时差，组织性强的团队可以更高效地超前完成项目。

我们来想想在这样的小组环境中工作是什么样子。除了传统的团队工作技能外，要在现代团队中高效工作，还需要一套与传统的面对面工作完全不同的协作技能。现在的协作可以是同步的、实时发生的，也可以是异步的、有时差的。小组成员可以使用多种在线工具进行工作交流。然而，不同时区的组员间的协作通常要求部分甚至全部工作分开进行，这就需要异步协作，即不同组员在不同时间用协作软件进行工作和通信。

协作能力包括一些传统的技能，如：组织一个能顺利运转且内部互补的团队；能就事论事地对他人观点进行评价；对指定的工作负责任；带领团队进行协商讨论，包括开展头脑风暴、策划解决方案、征求并听取反馈意见。除了这些传统技能外，
100 21 世纪的员工还需要更多的新技能，以及对现代生产力工具的功能了如指掌。掌握在线上工作小组有效产出所需的技能，已成为现代社会生活和工作的新要求。对这些技能的需求在未来只会增加，不会减少。

想想那些已经进入职场或即将进入职场的数字化一代，他们有多少种不同的沟通方式：电脑、笔记本电脑、平板电脑、

智能手机、Wi-Fi、网络电话、微博、博客、社交网站、短信等等，不一而足。他们知道如何用不同的工具与不同的群体进行交流，因为这一代人自出生起或者大半生都在使用这些工具，社交工具已经成了他们不可分割的一部分。

然而上一代人经常会误解数字化一代的这个特点，认为他们被数字化设备所捆绑，连最基本的人际交往能力都很匮乏。但我们不同意这种评价，因为据我们观察，大多数的数字化一代是非常社会化的，只是他们的社会化跟上一代人所认为的社会化已经不一样了。学校之外的他们浸淫在互联网的参与性文化之中，这种文化让他们不仅着眼于身边的朋友，也会去发现并结交另一个城市甚至另一个国家的从未谋面的朋友。网络集体智慧的出现创造出一个全球性大脑，催生了一种全新的处理大量数据并将其转化为共享知识的方式，从中我们可以再次看到整体的力量大于部分之和。

学校必须以开放的姿态拥抱数字化时代诞生的社交渠道。全球数字网络的出现将权力和知识从个人手上移交到了集体手上。有了互联网，每个人都可以和其他人联系到一起，可以随时随地进行协作。

协作学习的相关资源

1. Padlet。Padlet 是一个在线的可视化工作空间，可以实时显示用户创建的内容。访问者可以将自己的帖子添加到 Padlet 的虚拟墙上，并且看到其他用户上传的内容。教师、引导者或培训师可以向个人和团体分享链接，后者进入后就可以进行头脑风暴、开展协作项目、管理超链接资源、做笔记、制作海报或册子、策划活动、进行在线讨论等等。Padlet 适用于各个年级和学科。

101 2. 在线办公软件套组。在线办公软件套组和专业版的办公软件功能一致，包括在线通信工具、云存储平台以及各类应用程序（如文字处理、电子表格、演示文稿），允许用户通过链接共享文件的访问权限，进行实时协作和沟通并利用集体智慧执行共同任务。

3. 网上形成性评价。教育工作者可以使用在线表格工具或类似的工具轻松设计在线测验和课堂反馈，并给予学习者有用的形成性评价示例。利用这些工具，教育工作者在短时间内就可生成一个能得知学生的学业表现或学习态度的调查问卷。学生完成问卷后，会自动生成一张数据表，教师可以下载、查看并进行数据分析，并将此作为未来教学决策的基础。

4. 协作性实时文档。要增强协作性学习体验，学校可为学生提供协作平台，让他们能实时利用文本、图片和其他内容合作创建文档。教师则可以监督文档的创建，了解不同团队的进度。学生还可利用这些平台协作创建多媒体产品。

预测 10：学习将受到人工智能、智能设备和大数据的辅助

学生由低年级升入高年级的过程中会遇到各种各样的老师，

其中一些甚至是非人类的智能化老师。这可能会让一些年龄超过 40 岁的群体感到不安，但对于数字化一代来说，智能化已是他们生活的一部分，智能化老师的出现反而能让他们在学习环境中更加如鱼得水。

要理解智能化老师的出现，就需要理解指数级增长的概念。仅凭 2018 年的状况是难以预测未来的，因为现代社会的发展是指数级的增长，这意味着新的、更强大的数字化工具的出现是必然且迫近的事情。我们在第五章中曾指出，要把 2018 年的状况看成从过去到未来这个整体中的一部分，之后再来预测当今天的幼儿园小朋友即将高中毕业时，数字化技术的发展态势。

要考虑涉及人工智能和大数据的教育的未来，就必须考虑 102
两个影响智能化教学发展的关键因素：智能专家系统以及超量信息（任何人可随时随地获取任何信息）。

智能专家系统（或者智能顾问）是一个有特定运行规则，同时能从经验中学习的计算机程序（Brighterion，2017）。它的自学习能力让它可以根据过去经历的情况来增强对特定问题的响应能力，并根据经验做出明智的预测和反应。一个典型的例子是用于诊断汽车引擎问题的智能程序。这类程序通过卫星连接到全球的汽车经销商。经销商将每天遇到的各种引擎问题以及技术人员解决问题的方法记录到程序中。久而久之，该程序就可以用不断丰富的经验库帮助世界各地的机修工快速解决碰到的各种引擎问题。智能专家系统就是这样成为一个有价值的参考和学习工具的，全世界的机修工每天都在使用这种工具。

这对未来的学习有重大影响。例如，在做火山相关的研究时，智能顾问能根据学习者的要求在网络上找到符合特定的活动情况、类型、喷发时长等特征的所有的火山活动。

智能顾问能从听取我们的提问中积累经验，然后根据我们的提问方式判断我们要寻找的信息。它会记住我们的个人习惯和倾向，会在两个或多个具有相似属性的事件之间进行联系和推断。试想这样的技术能给各个年龄段的学习者带来多大的帮助。

智能顾问能做的不仅是检索信息，它们还能分析信息，如监控不同行业股票市场的波动起伏，监视全球武器运输和恐怖活动，或分析亚马孙雨林遭到的毁坏和大气中碳饱和之间的关系。

这类技术对未来学习方式的改变是教育者无法忽视的。我们在本书中多次强调，传统的学校教育大多是教师向学生灌输大量信息并要求他们根据提示回忆这些信息。这样的模式使学习者几乎没有时间去学习如何对接收到的信息进行处理、整合、评价和应用。然而在运用了智能顾问的教学环境中，这个问题就能迎刃而解了，需要的信息由智能顾问获取并提供，教育者就能将更多的时间花在训练学生的高阶思维技能和信息评价及
103 处理能力上。教育行业长期以来就在抱怨缺乏时间和资源来教授高阶思维技能及提供个性化学习机会，智能顾问技术的应用给解决这一难题提供了机遇。

将智能系统与超量信息以及智能设备结合起来，将有望为未来的学习者提供能够自学习的个性化学习系统。这样的系统能通过不断总结学习者的学习经验和遇到的挑战，进而越来越适应学习者的个人需求（如本章开头爱丽丝所用的 iDEA Pad 和伊娃）。这一技术的应用将极大地改变传统教学的面貌。

尽管这样的学习系统目前还不常见，但我们相信，它们将以惊人的速度出现。教育者必须立即开始为这样的新型学习环境做好准备，许多目前由他们来完成的教学任务，未来将由智能教学助理来接管。

有一点必须强调，出色的教育者不用担心会受到这类学习系统的威胁。相反，智能教学助理将把教师从低阶教学任务中解放出来，使教师更多地成为令人振奋的现代化学习经验的引导者。借助智能教学助理，学生将能独立学习字母表、乘法表、拼写和其他传统上依赖于老师的学习任务，届时老师们需要做的只是适时进行指导。这将赋予教育者更多自由空间，让他们专注于高水平的学习活动。因此技术的应用不但不会让教师在未来被取代，还将使他们的教学角色发生必要的转变，由讲台上的权威人士转变为学生身旁的指导者。

智能系统学习的相关资源

1. 社交网络平台。随着智能技术逐渐被运用到学校的教学中去，诞生了一批与脸书类似但主要致力于让学习者在线协作完成学习任务的社交网络平台，Edmodo 就是其中之一。Edmodo 还为教师提供了多样化的工具以评价学生的表现和进步，以及定制学生的学习体验。由于 Edmodo 的平台只面向教育群体，因此比脸书这样的大型公共社交网络服务平台更加安全可靠。教师可以在其中扮演促进者的角色，引导学习者建立高效的在线协作学习社区。

104 教师可以开展并主持在线讨论，创建意见调查表并搜集学生反馈，还可以分享文档、访问超链接、观看视频、查看图像、查找供学生使用的各类资源。不仅如此，教师们还可以在 Edmodo 上用电子徽章系统来奖励良好品行。

Edmodo 上有多种方法可以轻松评价学生的表现和参与程度。教师可以在上面轻松创建、分发和批改测验题和作业等评价工具，还可以利用数据分析的指标来监控学生的表现，并依此做出相应的教学决策。

2. 在线文档编辑应用。例如，Grammarly 是一个可以在线查找和纠正复杂文字错误的应用程序和服务。作为语言学家和语法爱好者，我们在本书的编辑过程中就使用了 Grammarly 对初稿进行审校，审校完成后会有一份报告，上面会给出修改建议和格式建议。此外，Grammarly 还能主动识别用户的写作习惯，并跟踪用户的写作表现，帮助用户实现进步。

3. 个人数字助手。数字化设备和各类软件已经能非常准确地对语音进行识别，带动了越来越多的人使用更简便的方法进行信息搜索，而无须在键盘上打字。

4. 语音识别应用。个人电脑上的语音识别软件已经问世多年。而每一个新版本的发布，就意味着这类软件变得更加准确和易于使用。经过短短五分钟的训练，加上高达 99% 的准确率，人类再也不需要在键盘上敲敲打打了。教师们可以节省下很多回复电子邮件、做记录、批改作业或额外辅导缺勤学生和学习困难学生的时间。

语音转换成文本这项技术，能让学生在执行常规认知型任务时一心多用，如在阅读和搜索信息的同时记录笔记，给自己设置家庭作业的语音提醒，快速记下头脑风暴时的点子，给博客文章打草稿或者随时进行创意写作。

预测 11：学习和评价将更加全面真实

教师给学生布置的作业和考试能在多大程度上反映学生的学习水平？它们是否能反映全貌，或者只是检测了学生的记忆能力和遵循步骤完成任务的能力？学生是否真正理解了他们学到的知识？是否明白他们所遵循的步骤背后有什么意义？他们是否掌握了知识之间的联系？教师的教学方法是否促进了深层思维技能的发展？

这些关于教学和评价的重要问题是每个老师都应该思考的。但老师们通常没有时间思考这些问题，因为时间都用在了他们认为更为紧迫的事情上。这份工作的压力迫使教师，尤其是新教师，把大量时间花在日常的教学任务上，因此无暇停下来思考教学和评价的有效性。

所以，很多教师就会采用默认的教学和评价方法。这种方 105
法是教师从自己的学习经历和受教育经历中照搬的，是一种由来已久的以讲为教、以听为学、以测试作为评价手段的教学方法。它的运用主要基于以下几点推论：

- 教育的主要目的是帮助学习者成为在政治上和经济上对

社会有贡献的人。

- 有贡献的一个主要方面是获得多个领域的知识和技能，包括语言艺术、社会研究、数学和科学。
- 学校教学的重点是将上述知识和技能传授给学生。
- 教学和评价的重点是看学生是否掌握了教师所教的知识和技能。

这种默认的教学和评价方法的第一步，是确定学习者在某个课程中应该学习的知识和技能，然后再依此创建一个评价系统来衡量学生对课程内容的掌握情况。由于课程被放在了第一位，所以教育界常说是课程驱动评价。受一贯做法的影响，大多数教师对这种教学和评价方法都很熟悉。

然而，这种已经被普遍接受的方法却并不总是能培养出在政治上和经济上对社会有贡献的人。相反，对获得知识的重视不仅使得教学过分强调低阶的信息回忆和对特定步骤的死记硬背，而且还导致教育界过分关注考试分数，将其作为衡量学生表现的主要指标。

还有另一种从不同角度来看待学习的教学和评价方法，它所认同的教育目的和上述默认的教学和评价方法的教育目的是一样的，但背后的思考方向有所不同。它的理念是，学校的教育应该帮助学生为以后的人生做好准备。格兰特·威金斯（Grant Wiggins，1993）道出了这一教学理念的重心，他强调教师要抛出能够吸引学生、跟世界切实相关的重要任务或问题，学生则必须运用他们学到的知识对问题进行创造性的有效处理。学生解决这些问题，本质上与成年人解决他们所面临的社会问题和专业问题是相似的。

以下是这一教学理念的一些立论依据： 106

- 教育的主要目的是帮助学习者成为在政治上和经济上对社会有贡献的人。
- 有贡献的一个主要方面是能够解决学校之外的现实世界的问题。
- 学校教学的重点是教会学习者如何在今后的人生中解决各种困难。
- 教学和评价的重点是看学习者如何解决现实世界或模拟现实世界的问题。

我们认为后一种教学和评价方法更加反映了真实，学生在学校的学习活动也更加反映了他们走出校门后在真实世界会遇到的情况。此外，这种方法改变了教育者制订教学计划的传统步骤，课程不再被放在第一位，取而代之的是确定学生在这门课程中必须解决哪些现实性问题。一旦明确了这些问题，教育者就可以对课程进行设计，教给学生解决问题所需的知识和能力。威金斯和麦克泰（Wiggins & McTighe，2005）将这个过程称为反向规划。在《教育乌托邦》收录的一篇文章中，威金斯（Wiggins，2002）这样写道：

> 我们将这种教学方法称之为“反向规划”，即先确定教学目标，确定想要学生掌握的知识和技能，再倒推该如何做。另外要思考，怎样才能证明学生掌握了我们希望他们掌握的东西？怎样才能证明他们能完成

> 我们希望他们完成的任务？所以我们必须先考虑教学的期望结果，再将其纳入教学活动的设计，设计出能达成期望结果的教学活动和教学方法。

这种新方法强调的是将知识应用到实际任务中去，而传统的教学方法只强调对知识的获取。新方法引导学习者解决实际问题，帮助学习者培养伊恩所说的高阶的“收放自如的元认知”思维技能，因此比传统的鼓励学习者死记硬背和被动应试的作业或测试更全面、更真实地反映出学习者的综合能力。在解决实际问题的过程中（无论是独立解决，还是协作解决），学生要锻炼自己的分析能力和发散性思维能力；在整理思路并提出创新性解决方案的过程中，他们要锻炼自己的创新能力和收敛性思维能力；最后，在自我评价和对任务执行过程的评价中，他们需要锻炼自己的反思能力和元认知能力。

107 这种教学和评价方法，让教育者设计出能反映现实世界中人们面临的各种任务和挑战的学习活动。以下是一些相关的学习活动和评价手段。

新型学习环境下的学习活动和评价手段

- 解决现实世界的问题；
- 形成基于事实的观点；
- 提出建议；
- 参与讨论；

- 和现实世界及虚拟世界的伙伴协同完成任务；
- 阅读和理解文学作品；
- 写故事；
- 做科学实验；
- 向校内和校外的人做展示汇报；
- 开展社会科学研究；
- 解决有实际意义的数学问题。

这类活动代表了一种回归本真的教学方法。它以设定问题作为主要教学策略，与现实世界相联系，引导学习者解决那些与他们跨出校门后将遇到的各种挑战相类似的难题。这种教学方法强调将知识应用到实际任务中，而不是专注记忆知识。对许多人来说，这是一种与传统教学截然不同的方法，因此需要一种新的学习评价手段。

不论是什么样的教学主题，采用真实的教学方法，首先都需要教师明确他们期望帮助学生获得的知识、技能或应用，然后再由此决定最适合的能真实地反映学生成就的评价技术手段。以此为出发点，教师才可以开始反过来规划具体而有效的能让学习者达到他们的学习目标的教学策略。

在这样的学习环境中，很重要的一点是学生从一开始就要清楚教师对自己的期望和要求。我们发现向学生传达期望的最佳工具是教学大纲。教学大纲能帮助学生理解如何圆满完成真实任务，它是无可替代的沟通工具。教学大纲包含对一系列特定学习特质的评价标准。这些评价标准分为从入门级到标杆级的若干等级，每一级都有对学生完成任务情况的详细描述，让学生能够心中有数。教学大纲是教师根据自己对学生的期望、教学的目标以及在评价学生作品时所用的标准而制定的。

108 > 我们的目标是什么？我们的教学活动如何实现这些目标？我们又该如何根据这些目标来进行评价？因此，你会希望所有的教学活动都有相应的打分标准和大纲，教师们所重视的与总体教学目标相关的标准和教学活动中的关系，都在其中一目了然。（Wiggins，2002）

我们发现，让学习者参与评价标准的制定，能有效激发他们的学习自主性。在学习者熟悉了用评价标准评价自己的学习成果后，让他们自行设计标准是非常有效的做法。

作为教育工作者，对于任何我们认为重要的学习指标，都可以进行测量和评价。真实情境下的教学和评价方法有一个重要的优点，是教师可以在评价中纳入那些被传统教育所忽视的技能和人格特质。有句老话说得好：“不以规矩，不能成方圆。”彼得·德鲁克（Peter Drucker）、汤姆·彼得斯（Tom Peters）、W. 爱德华兹·戴明（W. Edwards Deming）、开尔文勋爵（Lord Kelvin）等人都曾引用过这句话。

如果我们想让学生学会按照一定步骤来解决问题，那么他们每完成一步，我们就需要给予他们相应的评分。如果我们想让学生发展他们的人际交往能力，那么我们也必须对他们进行评价。

需要注意的是，我们所讨论的真实情境教学方法和传统教学方法并不是水火不容的。传统的评价方法，如测验和考试，在确保学习者记住了有价值的信息方面还是有用的。当今有许多教育家提倡摒弃传统的注重记忆的教学和评价，他们援引了一些研究，指出记忆是一种短期技能。然而，能记住信息并不是一件坏事，毕竟我们对一无所知的事物不可能提出明智的观点：

> 我们的论点是，考试是评价的一小部分。我们只需要把它当成评价体系的一个局部。而许多反对考试的人最后听起来好像在反对评价和测量。一场得当的考试不是没有作用的，我们喜欢把它称作“审计”，用当今流行的话来说就是，它是一幅“快照”。(Wiggins，2002)

因此，传统的评价是完整的学生评价体系的一部分。但是，109
我们必须确保学校检测的不仅是知识的获取情况，也需要利用本章介绍的策略来评价学生在完成现实任务中的技能发展情况。

全面评价的资源

尝试在教学过程中融入不同类型的评价策略，以下是一些例子。

1. 绩效评价。所谓绩效评价就是衡量学生将技能和知识应用于完成现实任务的能力。这是职场上最常用的一种评价方法。“进入职场后就不会再用多项选择题来考察一个人的工作表现了。职场上用的评价方法叫作‘绩效评价’。”（Wiggins, 2002）绩效评价要求学生协同工作，并应用技能和知识来解决复杂问题。

2. 简易分析。简易分析即通过某些提示，让学生用他们的所学来完成一个简短的任务。这一招是评价学习者对基本概念和技能的掌握程度的好方法。给学生提示时，可以用一张海报、一幅讽刺漫画、一个数学问题、一张地图、一篇文章或一本书的一小段摘录。教师可以让学生诠释、描述、计算、解说或预测。思维的视觉化表征对于理解学习者所掌握的内容非常有帮助。因此，教师可让学生画一张图来表达他们对某个话题的理解，也可用概念导图的方法。概念导图是不同概念之间关系的可视化表达，它可以作为一个有效手段来评价学习者是如何理解概念之间的关系的。

3. 作品集。学生作品的集合是学生一段时间内学习成果的体现。因此它比某一次作业、测验和考试等快照式评价更能反映学生的长期学习情况，更能有效记录学生的进步。制作作品集也能让学生理解对作品进行编辑和修订的重要性，反过来也能让他们明白自我评价的重要意义。

LiveBinders 是一个多功能的数字文档平台，允许学生在线制作学习作品集、在线整理内容以及在线学习。学生可以将他们所有的云文档、网站链接和桌面文档组合到平台上，随时随地进行访问、共享和更新。教育者则能通过平台看到精心整合好的作业，看到学生在一段时间内的成长，并做出形成性评价。

4. 同伴评价。同伴评价是一种能让学生获得学习反馈的有效形成性评价策略。它是让从事相同任务的学生互相给出提高和改进的建议。由于学生对完成任务所面临的挑战有第一手 110
经验，因此他们的反馈意见格外地有见地和建设性作用。

- 自我评价。请学生对自己的作品、完成这些作品的过程、在小组活动中的参与程度以及个人技能发展状况进行自评。自评的方法包括教师给出一套评价标准，然后请学生根据标准对自己的作业进行评分。还可以让学生回答一些评价性问题，或者让他们用日志记录下自评过程和结果。当学生有足够的自评经验时，教师可以邀请他们参与评价标准的制定。
- 跨课程学习。传统的学习主要是学生对各个学科，如数学、社会研究、科学和语言艺术进行单学科学习。而现实世界的问题和挑战往往复杂到无法单独用某个学科的知识解决。真实的世界不是互相分割的信息孤岛，数学、历史、科学和文学都分别是这个整体的一部分。明白了这一点，我们就能理解跨课程学习的重要价值（Greene，2016b）。跨课程学习单元将不同学科结合到一个现实生活的经验模型中，让学生领悟和体验学科之间的联系。

本章小结

本章我们对 2038 年的学习和教育做了 11 个预测，谈到了未来的学生必须培养起来的高阶技能。回顾这一章时，请确保你理解了以下要点。

- 要在现在和未来的世界取得成功，需要具备一些基本的能力，包括解决问题、协作、沟通（书面和口头）、研究、创造、数据分析和技术应用等能力。
- 教育必须让我们的学生做好在全球劳动力市场上与世界上其他国家的同样熟练的劳动力以及应用程序、机器人和人工智能相竞争的准备。
- 学校必须使自己从传统的内容传播者转变为现代技能和未来技能的培养者。

111 • 未来的学习必须是可以在任何时间、任何地点（包括虚拟空间和物理空间）进行的适时学习。它是个性化的、以学习者为中心的非线性终身学习。它根植于现实世界，以探究发现为基础，要求学习者心智全面发展。学习将是协作开展的，注重对多媒体信息的加工处理，并且有机器思维、智能顾问和大数据等现代工具作为辅助。未来的学习和评价将是综合性的。

- 有很多教学策略、应用程序和教学资源可为教育工作者所用，帮助学习者为未来做好准备。

自我梳理

- 未来的教育会是什么样子？
- 下一代人将如何学习，学些什么？
- 教育将如何让我们的学习者做好在全球劳动力市场上与世界上其他国家的同样熟练的劳动力相竞争的准备？
- 回顾爱丽丝一天的生活，你能想到未来可能会有其他的颠覆性力量，或技术创新，或教学方法的变革吗？尝试从爱丽丝一天的生活中找到能支持我们所做的 11 个预测的证据。

- 在这 11 个对未来教育的预测中，你还能想到其他的教学方法、数字化工具或教学资源吗？

第七章

现代社会的新技能

未来的发展依赖于竞争力、创新、技术和生产力，……而这些反过来又依赖于我们的教育。

——茱莉亚·吉拉德（Julia Gillard，2011）

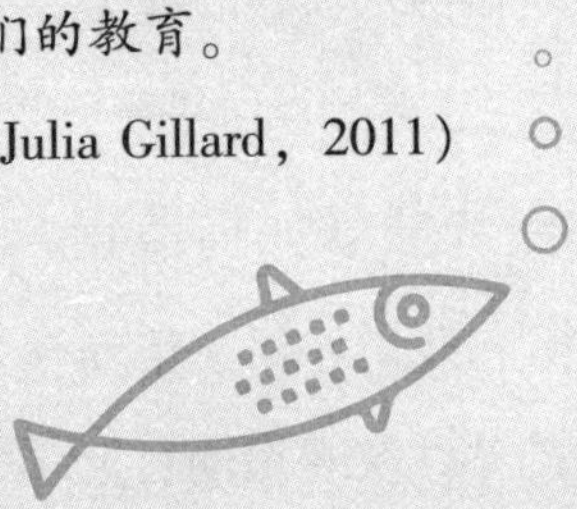

113 正如我们在第六章所说，为找出现代学习者所需要的基本技能，教育家们列出了不少技能清单。不论是托尼·瓦格纳（Wagner，2010）的“七大技能”、詹姆斯·伦格尔（Lengel，2012）在《教育3.0：七步通往更好的学校》中提出的“六大原则”，世界经济论坛（World Economic Forum，2015）在《教育未来愿景》中提出的“21世纪16大技能”，还是伊恩所做的
114 长达50页的分门别类、主次分明的个人能力表，以及其他各种各样的预测、判断和断言，这些都让我们对21世纪所需的技能数量和质量产生畏惧。那么，我们如何从这么多能力中进行甄选，提出一份长度合适的清单呢？这是本章要回答的问题。本章我们将探讨如何实现短期目标和长期目标，选出现代学习者所需的八大核心能力，并进一步展望未来。

鱼和熊掌如何兼得？

我们如何在帮助学习者为国家性、地区性或校内考试做好准备（实现短期目标）的同时，也帮助他们为21世纪的社会做好准备（实现长期目标）？如何既满足学生学习传统内容的需要，又满足他们发展现代学习技能的需要？

现在的教育者首先要明白的是，虽然传统上强调的读写能力在当代仍然很重要，但它已经远远不够了。即使我们按照20世纪的扫盲标准，使所有学习者掌握了阅读、写作和算术的能力，他们也只是在20世纪的标准下才算受教育群体。如果按21世纪的能力要求来看，他们可谓是半个文盲。我们认为，要使我们的思维方式、教学方式和课堂模式不再局限于20世纪的模样，要帮助学习者培养出在现代世界生活、工作和学习所必需的基本技能，就应当培养学生形成一定的“无意识的知觉”。

诺埃尔·伯奇（Noël Burch）在20世纪70年代首次提出知觉的四个层次：（1）无意识的无知觉（你没意识到自己不知道）；（2）有意识的无知觉（你意识到了自己不知道）；（3）有意识的知觉（你意识到了自己知道）；（4）无意识的知觉（你没意识到自己知道）（Adams，2016）。在现代社会中生活、工作和学习所需的基本技能是一种心智运作过程，我们可以帮助学生通过学习、实践、发展和应用来培养这些技能，最终养成第四个层次的无意识的思维习惯。这些新的心智运作过程是在现代世界取得成功的基石。培养这些现代学习技能的方法包括有意识地应用，最终达到可以无意识运用的地步。

有意识地运用核心技能

对某一项技能有意识地加以运用有助于掌握该技能，但在运用的过程中必须对方法加以思考。这是发展某项技能的非常必要的有效步骤。回想我们学开车的经历，我们会非常有意识地去转动方向盘、踩刹车和油门、打转向灯、检查后视镜以及运用其他一系列的驾驶技能。

115 同时学习这一系列驾驶技能是学会开车的第一步。我们不会给练习生发驾照，是因为他们还没有准备好独立操作车辆，还需要一个有经验的司机在旁边进行指导。

新手总是要不断思考如何运用这些技能，因而无法平稳驾驶——打趔趄啦，熄火啦，急刹车啦……。刚开始驾车，总免不了跌跌撞撞、东倒西歪、别别扭扭。经过足够的实践，积累了经验以后，他们才能无意识地、近乎直觉般同时应用必要的驾驶技能来独立操作汽车。有经验的司机可以一边自如地驾驶，一边与乘车人聊天、听音乐或者喝咖啡，因为他们已经可以不加思考地熟练地驾驶汽车。学习者在学会了一项新的数学技能、语言规则或能流畅阅读时，也会表现出这样的无意识知觉。但他们首先必须有意识地对所学的新技能进行思考和运用，再经过反复的练习，才能达到无意识或者花较少的心思就能熟练运用的程度。

无意识地运用核心技能

经验老到的司机已经达到了无意识知觉的水平，这时的他们能执行更高层次的认知功能。他们不仅能做出回应，还能预测到其他司机的驾驶行为，并在出事之前采取纠正或预防措施。这种无意识知觉的技能水平不仅可见于驾驶中，也见于阅读、写作、算术、研究、解决问题和其他需要反复实践的技能中。这其实就是传统的一心多用的概念，即能下意识地同时做好多件事，我们在第四章中把这种能力称为持续性分散注意力。

那么，有哪些基本技能是现代学习者必须掌握到无意识知觉的熟练程度的呢？换言之，哪些关键技能是所有学习者都需要内化成自己的潜意识能力，而不只是像传统上那样只对内容有所了解？我们已在几十个国家问过上百次这个问题，从学习者、家长、教师到教育界和政治界领袖，都回答过我们的这个问题。在下一节，我们将详细分享我们找到的答案。

现代学习者所需的八大能力

现代学习者必须掌握的技能有哪些？这个问题不论在哪里，不论问谁，我们听到的答案都与瓦格纳（Wagner，2010）、伦格尔（Lengel，2012）、世界经济论坛（World Economic Forum， 116
2016a）、美国各州学校教育主管理事会（CCSSO）与亚洲学会（Asia Society）（Mansilla & Jackson，2011），以及联合国教科文组织（Anderson，2010）的观点有重合之处。教育家们一致认为，要让我们的学校在这个不断变化的现代世界中与时俱进，就必须把以下八大基本能力作为教学的重点。

1. 内省能力。
2. 人际交往能力。
3. 解决问题的能力。
4. 协作能力。
5. 信息分析能力。
6. 信息沟通能力。

7. 创造能力。

8. 全球意识。

我们认为以上这些能力是发展卡罗尔·德韦克（Carol Dweck，2016）提出的“成长型思维”的核心要素。所谓“成长型思维”，就是一个人相信自己的能力不是天生的、不可改变的，而是可以随着时间的推移而发展起来的。“成长型思维”让学习者可以通过不断的实践来发展上述能力，就像他们学习数学和语言一样。这些能力是日常生活的基石，扎根在我们所做的每件事中。

那么难题来了：我们该如何系统地将这些能力教给学习者呢？对很多教师来说，课程本就已经很满了，还要教分析信息的能力、全球意识等等，似乎没太大必要。其实，我们发现将这些能力教给学习者的最佳方法，是不要把它们从其他课程中抽离出来，也不要把它们分离开来。根据我们的经验，把内省能力、解决问题的能力等等全部融入课程内容，是最有效率的办法，这样学习者就可以在学习内容的同时掌握这些技能。

我们相信，上述八大能力在当今的重要性就好比阅读和写作在 20 世纪的重要性，它们是必修必备的能力。我们将其称为现代学习者的八大核心能力，以下将一一介绍（Jukes，2017）。

核心能力 1：内省能力

内省能力是一个人的内在能力，是头脑中出现的感知、态度等等。阿特·科斯塔和贝纳·卡利克（Art Costa & Bena Kallick，2008）将内省能力称为“思维习惯”，即个人应对现实世界的独
117 特方式。掌握这些能力的个人，通过知觉、思维和有意识的策略

对现实世界做出应对，从而获得积极的结果。

内省能力包括自尊、心态开放、自我觉知、学习能力、理解和管理自己情绪的能力、自信、自律、自我激励、克服无聊的能力和耐心等等。具备这些能力的人往往能够进行自我驱动，能够采取主动措施，能独立完成工作，有毅力和恒心，有积极的态度，有良好的时间管理习惯，等等。

核心能力2：人际交往能力

内省能力和人际交往能力的一个重要区别是，前者是指向内在的，而后者是指向外在的。人际交往能力指的是理解外在环境并与他人沟通。我们每天都要靠人际交往能力来与他人（个人和群体）互动。

人际交往能力包括能够进行非言语交流，能与他人进行礼貌的对话，能给予积极的反馈，能倾听别人、说服别人，能说出不同观点，能提出问题，能传达社会和文化意识，能接受批评，能展示自信，等等。出色的人际交往能力让我们能更有效地应对挑战、解决难题。

核心能力3：解决问题的能力

要培养学习者解决问题的能力，就要为他们构建起一个结构化的心智运作过程，使他们能够独立解决现实世界的复杂问题。我们这个世界急需能够在无人指导或监督的情况下独立
自主地对信息进行分析、对比、评价、整合，并将其用于解决 118
现实问题的思想家，急需能够运用高阶思维技能的人。学习者

要有解决问题的清晰条理，要培养无意识的思维习惯，从而做到解释、学习、实践、应用、内化，最重要的是，还要不断精进。

解决问题的 4D 模型最初由泰德·麦凯恩（Ted McCain，2005）在 20 世纪 80 年代提出，后来他又在《为未来而教》一书中对它们进行了概述。伊恩和妻子妮基·莫汉在原来的 4D 基础上将该过程拓展为 9D。

解决问题的 9D 模型

1. 定义（Define）。学习者对问题或挑战进行清楚的定义、复述和沟通。这有助于教育者做出形成性反馈。

2. 探索（Discover）。学习者对问题或挑战的背景和来历以及教育者评价作品和过程的方式进行探索。

3. 判断（Determine）。学习者明确判断即将要解决的问题或挑战的受众和相关各方。

4. 设想（Dream）。学习者对问题或挑战的可能解决方案进行头脑风暴和大胆设想，不要让设想受到时间、能力或金钱的限制。

5. 设计（Design）。学习者设计一个循序渐进的计划，对自己用来创造作品或解决问题的过程进行说明，从而把上一步的设想变成现实。

6. 交付（Deliver）。学习者按计划完成作品或给出解决方案，并将其呈现给相关的受众。

7. 诊断（Diagnose）。学习者、同伴或教师对作品和过程进行评价，并将其与原始设计进行比较。

8. 检视（Debrief）。学习者对上述七个步骤进行回顾，反思自己的表现，并对过程进行汇报。

9. 决定（Decide）。学习者决定下一步做什么。

要在如此短的篇幅内对 9D 模型进行详细剖析可能不太现实，但该过程总体而言与科学研究方法、写作步骤、建筑规划、设计和系统思维以及导演制作电影等等所涉及的结构化心智运作是异曲同工的。我们坚信，教育工作者必须把解决问题的过程内化到每一门学科、每一个年级，让它成为每一位老师（从幼儿园老师到老年学校的老师）的责任。

核心能力 4：协作能力 119

我们把协作定义为，不同的人为了实现一个共同目标而一起工作。人际交往能力涉及的是不同个人之间的沟通，协作能力涉及的则是在一个团队中合作解决问题。

协作建立在“团队力量大于个人力量”这一认识的基础之上。在快节奏、高压力的互联网世界，个人和企业必须利用一切可以利用的竞争优势。即便是竞争对手，如果能带来互惠互利，也会选择互相合作。

协作能力包括：

- 规划和引导方面的才能；

- 能够组织起互补的高效团队；
- 能在团队中承担起一个角色；
- 能做到对事不对人；
- 能在团队中进行谈判；
- 能组织团队进行头脑风暴；
- 能组织团队解决问题；
- 能够征求和倾听反馈；
- 能担起指定的任务。

正如我们在第六章中所说，互联网在线工具极大地扩展了协作范围，使同步沟通和异步沟通成为可能。教育工作者要利用这些工具来帮助学习者学会随时随地与他人进行在线合作。

核心能力 5：信息分析能力

在这个信息大爆炸的时代，我们不希望学习者对呈现在他们面前的信息不加质疑、分析和验证就简单地进行吸收和咀嚼。
120 我们希望学习者能区分可靠的信息源和不可靠的信息源，能在茫茫的数据海洋里找到自己需要的可靠信息。

我们希望学习者能利用类似 9D 模型的结构化心智运作，对信息进行深究和调查。伊恩及其同事（Jukes et al.，1999）在《网络迷踪》一书中提出过 5A 信息分析过程。学习者可利用该过程来分析和厘清复杂的信息。

5A 信息分析过程

1. 提出好问题（Ask）：要提出好的问题，学习者要识别出关键词，再围绕关键词构建问题。在这个过程中还要进行头脑风暴、从多角度思考、理解伦理问题、深入倾听、明智地看待问题、批判性地表达，并从白噪声中分辨出有效的信息。

2. 从数字化和非数字化的资源中获取所需信息（Access）：这一步要求学习者定位好信息，选定搜索策略，对信息进行略读、浏览、搜查和筛选，做好记录，面临信息匮乏的境况时能及时做出判断并回到上一步重新提出问题。

3. 对数据进行分析，验证数据的真实性和可靠度，并将数据转化为知识（Analyse）：学习者要对数据进行整理、多角度验证以及汇总，区分事实与意见，评价信息流通性，识别信息的潜在含义和偏见，识别不完整信息，追踪和确认信息源，做好记录，利用概率，判断趋势，利用猜测搜寻出更多信息。

4. 将知识应用于解决实际问题（Apply）：这一步，学习者要综合处理信息，并将其转化为实际可用的知识。所谓实际可用，包括用来写文章、作图表、形成论点、做展示、参与辩论、做科学实验、创建视频或参与社交媒体等等。

5. 评价过程和产品（Assess）：学习者对信息获取过程和获得的信息进行反思，对学习进行评价——如何学、哪些方法奏效了、哪些方法没奏效、如何改进过程或产品，并思考如何将该过程应用到类似的或另外的问题场景中。

同样地，想要在如此短的篇幅内对 5A 过程进行详细剖析是不现实的。但 5A 代表了一个可以用来分析和探究几乎所有信息的结构化心智运作过程。

121 **核心能力 6：信息沟通能力**

我们的世界已经过了依靠文字沟通的那个年代了。通过图像设计和图像展示的视觉沟通在多年前就已成为新的沟通标准，或者说几乎成了一种心照不宣的共识。而在参与性文化和分享性文化中成长起来的数字化一代，已经把图像视觉甩在了身后，开始拥抱视频沟通时代。将视听要素融入信息中，不仅需要对图像设计有所了解，还要会运用视频制作工具。许多这类工具都可以免费获取，它们让学习者从信息的消费者变成了信息的产消者（既消费多媒体信息，又生产多媒体信息）。

既然学习者必须善于视觉沟通，那么就必须把视觉设计的相关概念和知识作为每个年级和每个学科日常课程的一部分。在当今及未来，多媒体信息沟通必定会像 20 世纪的文本和口头交流一样重要且普及，所以学习者必须能够熟练有效地掌握相关技能。不仅是学习者，教师们也要知道现代人的阅读方式、图形设计和排版的原则、色彩理论和色彩心理学、摄影原则、音频制作的原则以及视频合成的原则。他们要知道如何利用这些技能有效地与他人交流信息。信息沟通能力是现代社会的基本技能。

核心能力7：创造能力

创造力是指一个人能富有想象力地表达自己的想法。当今世界，创意型劳动力的比例正在上升，越来越多的人认为创造力是未来社会所需的基本特质，是每个学习者都必须发展的能力。创造力可以用埃利斯·保罗·托伦斯（Ellis Paul Torrance）开发的“创造性思维托伦斯测试”（Torrance Tests of Creative Thinking，TTCT）来衡量，其指标称为“创造性商数”或“创商”（CQ）（Kim，2002）。该测试能对发散性思维和其他解决问题的能力进行测量，然后从以下四个维度进行评分：

1. 流畅性：对某一刺激产生的可解释的、有意义的和相契合的想法的总数。

2. 灵活性：对刺激做出反应的类型数量。

3. 原创性：反应的统计学罕见性。 122

4. 精细性：反应中的细节量。

就像智商测试一样，创商测试的分数在世界范围内呈现出上升的趋势，大概每十年提高3.2分（Bronson & Merryman，2010）。但这一上升趋势并没有稳定保持下来。

弗吉尼亚州威廉玛丽学院的前教育心理学副教授金庆熙（Kyung Hee Kim）分析了自1966年首次推出托伦斯测试以来参加测试的30万名儿童和成年人的成绩（见《创造力的衰退》“The decline of creativity”，2010）。分析结果表明，创商得分和智商得分一样，1990年之前都在稳步上升。但1990年以后，却出现了相反的趋势。这种下降趋势是显著的，更令人不安的是，它似乎还在加速，美国从幼儿园到六年级的低年级学生的创商分数下降得甚至更加显著（见《创造力的衰退》“The decline of creativity”，2010）。

智商分数和创商分数之间有一个重要的区别。智商测试测的是与某种智力类型相关的因素。创商测试测的是多个方面的创造力，如原创性、抽象性和开放性等。正如金庆熙所说：“托伦斯测试对创造性思维进行了更广泛的衡量，包括艺术、文学、科学、数学、建筑、工程、商业、领导力和人际关系等不同领域的创造性潜力。”

托伦斯测试中的精细化分数（能衡量创造性地提出想法的能力、分析思考的能力以及激发创造力的能力等）从 1984 年到 1990 年下降了 19.41%，到 1998 年下降了 24.62%，到 2008 年则从 1984 年的水平下降了 36.80%。

现在就咬定导致创商下降的罪魁祸首还为时过早。金庆熙认为可能的原因包括“把过多的时间花在电视、电脑和电子游戏上，而不是从事诸如野外探索或大自然活动等创造性活动”（见《创造力的衰退》“The decline of creativity”，2010）。本书则认为学校对创造力的培养缺乏重视是另一个重要的原因。

123 伴随着教育界对标准和考试的持续重视，许多教育工作者被迫采用照本宣科的教学，甚至把自发性和创造性视作适得其反和具有破坏力的东西，似乎发展抽象思维、开放的思想和独创性会占用在当前教育环境中占主导地位的为高风险考试做准备的时间。在这种情况下，还有多少人愿意在培养创造力上下功夫？况且衡量创造力要比通过标准化测试来衡量学习困难得多。

但与此同时，也有不少国家看到了挑战，抓住了机遇，主动营建起一种创造性文化，把教育的重点从不同学科转移到不同课题上，其中最引发关注的是芬兰。长期以来，芬兰因其高质量的教育和在国际性测试中取得的高分而备受赞叹并广为效仿。而现在芬兰正在重新思考它在数字化时代的教育方式，寻求将能力的培养放在核心位置，同时也不忽视学科教育（Garner，2015）。

芬兰敢于承认其他国家视而不见的那些全球性迫切议题，如全球气候变暖、珊瑚礁遭受破坏、人口过剩、恐怖主义和暴力战争、干旱和火灾、贫民医疗卫生系统、核电站泄漏、大量不可靠信息的扩散等等。解决这些问题在全世界都是十分紧要的事务，需要创新性的全球解决方案，需要不拘一格和发散性思维。

我们相信创造力将成为21世纪的“硬通货”，而那些致力于培养创造力的国家将不仅能找到这些全球性问题的创新性解决方法，还能从中收获巨大利益。有创造力的国家注定会繁荣，未来的第三世界国家将是那些不得不像进口商品一样进口创造力的国家。这个未来绝对不是遥远的、模糊的，对创新和创造性解决方案的需求正在日益增长。随着雇主们继续将常规认知型工作和制造业外包出去，剩下的岗位可能就只有那些需要高阶思维技能的创造性工作了。

丹尼尔 · 平克（Pink，2006）在他的《全新思维》一书中说，国家的财富和个人的幸福现在取决于一件事——制造产品时得有艺术家在场。让艺术家们参与到创意活动中，这听起来不像是常识吗？

平克（Pink，2006）讲了这样一个故事：一位教授问幼儿园的小朋友谁会跳舞，并让会跳的举手，结果所有的小朋友都举起了手。他又问谁会唱歌，结果又是所有小朋友都举起了手。然后教授回到大学讲课，他在课堂上问了大学生同样的问题——谁会唱歌，谁会跳舞——并让会的人举手，结果没有一个人举手。这位教授由此总结，所谓教育的过程，就是让我们明白我们不会做什么，而不是我们会做什么。创造力是我们与生俱来的东西，我们的创造力没有问题，有问题的是我们的专业技术水平。

124 平克（Pink，2006）的观点在乔治·兰德和贝丝·贾曼（George Land & Beth Jarman，2000）所合著的《断点与超越：掌握未来，就在今天》一书中得到进一步阐述。兰德和贾曼曾在 1968 年做过一项研究，测试 1600 名 3—5 岁儿童的创造力，即创商（Rivero，2012）。该研究所用的创商测试方法正是兰德为 NASA 挑选具有创造力的工程师和科学家而开发的创造力测试方法。

测试的结果令人大为振奋，所以他们决定等这些儿童长到 10 岁和 15 岁时再分别进行一次测试。这时的结果却令人震惊。他们发现，5 岁的儿童中有 98%的人拥有天才级发散性思维；而到 8 岁至 10 岁时，这一比例降至 32%；到 13 岁至 15 岁时，这一比例进一步下降到 10%；25 岁以上的人群中，这一比例仅为 2%。兰德和贾曼（Land & Jarman，2000）由此得出结论：非创造性行为是后天习得的，而不是与生俱来的！

为什么会出现这样的结果呢？我们认为，儿童在发展过程中的某个阶段开始会下意识地将自己与他人进行比较。一些孩子可能会觉得自己不够好，觉得自己没有天赋或创造力。但是，我们要记住，创造力是我们每个人与生俱来的天赋。

我们经常会混淆创造力和对某个技能的精通度，结果我们就会认为自己没有创造力。很多人都会说“我不是一个有创造力的人”这样的话，其实他们只是缺乏把创造性想法变成现实的技能。我们要相信自己是有创造力的，每一个学生也都是有创造力的。而专业技术是需要学习和实践的。正如我们可以学习技能一样，我们也可以学习创造的过程。

以下是对创造能力的一个总结，虽然不全面，但包含了我们认为对现代学习者而言越来越必不可少的一些基本创造能力。它们包括：理解问题，看清挑战；找出重点，提出问题；头脑风暴；纵向思维；理解伦理问题；认真倾听和明智看待问题；分享个人的知识和经验；能够超越已知；能够利用熟悉的以及不熟悉的资源激励他人；能看到新的可能性，尝试新的想法；敢于尝试、冒险和想象。

创造力是我们可以拥有的最强大的竞争优势（Pink，2006），作为教育工作者，我们必须帮助学生好好利用这一内在的动能。

核心能力8：全球意识

除了传统意义上现实世界的全球意识外，数字化时代的网络全球意识也越来越受到各方的重视。现在的教育既包括传统

125 的面对面的教育，也包括网络环境下的线上教育，两者无法互相分离开来。我们也无法只单独讨论其中一个。所以，我们将现实世界的全球意识和数字化世界的全球意识统称为全球意识。并且，我们认为，培养具有高尚的伦理道德观念、能在现实世界和网络世界都恰当行事的公民，是有绝对必要的。基础教育课程历来注重介绍公民意识的基本原则，然而随着世界的日新月异，我们必须在不贬低传统公民意识的重要性的同时，为下一代制定一套数字化世界公民意识的基本原则，帮助他们养成数字化时代的全球意识。

我们不会随便把车钥匙交给一个 16 岁的人。给出钥匙之前，我们会先教他学会开车、让他考取驾照、讲清我们的要求并明确不当行为的后果。然而现在我们的家长和老师随便就把互联网、智能手机和其他设备等各种强大的工具和资源交给我们的孩子，却没有提供任何系统的指导，难怪一些孩子会做出错误的选择。我们有责任为学习者提供必要的指导，以培养他们在现代世界应对人生挑战所需的行为规范和技能。

所谓全球意识，就是要保护我们自己，保护他人，保护他人在现实世界和网络世界的心血和成果。它是一系列不断变化的指导和规范人们行为的社会规约。我们的学校教育已经在传统的全球意识培养领域做出了很好的示范。然而，数字化时代的到来要求我们帮助学习者培养网络社交礼仪，知晓虚拟世界的基本礼节，并进一步反思隐私问题。这样才能为现实世界面对面的社会交往和互联网世界的在线对话、电子邮件、短消息、网页浏览和社交网络等等建立一套普遍适用的行为规则。学习者在成长过程中最重要的是培养道德观念和责任感，并能推己及人，进而形成全球意识。

前行之路

虽然本章对现代学习者所需的基本技能进行了全面分析，但这一方面仍有很多内容值得探讨，比如我们如何将这些技能嵌入现有的课程内容中进行教学。教育工作者要帮助学习者培养在不断变化的世界中生存和发展所需的基本现代技能，就必须具备新的能反映现代世界的真实情况的思维方式和技能。这是我们下一章要研究的问题。

本章小结 126

本章我们分析了 21 世纪的学习者必须具备的基本技能。回顾这一章时，请确保你理解了以下要点。

- 我们要改变原有的思维模式，改变原有的教学模式，改变当下教学的关注点还停留在 20 世纪的现状，努力让学习者掌握 21 世纪的基本技能。
- 21 世纪的必备能力在本质上是学习者可以通过学习、实践、发展和应用转化成无意识思维习惯的结构化心智运作过程。这些心智运作过程是在 21 世纪取得成功所需要的基本技能。培养这些思维习惯的两个主要步骤是：有意识的应用和无意识的应用。
- 21 世纪学习的八大核心能力在现代社会的重要性就如同阅读和写作在 20 世纪的重要性一样，不是可有可无的。
- 21 世纪学习的八大核心能力包括内省能力、人际交往能力、解决问题的能力、协作能力、信息分析能力、信息沟通能力、创造能力以及全球意识。

- 在这个瞬息万变的时代，教师也必须做出适应和改变。要想我们的学习者能具备这些现代核心技能，那我们的教育者也必须相应地具备新的思维方式和技能。

自我梳理

- 为什么能力对 21 世纪的学习如此重要？为什么在能力面前，内容虽仍然不失其地位，但已经退居其次？
- 在你看来，21 世纪所需的八大核心能力中哪一项是学习者最需要培养的？有没有哪一项能力在未来会变得更加重要？
- 当今教育在多大程度上有助于我们的学习者培养所需的知识、技能和态度？我们需要做出怎样的改变？
- 把本章所描述的未来十年的趋势推演一遍，看看它们将对现在的学生产生哪些影响。尤其是对那些没有具备核心技能、没有准备好迎接新世界的挑战的学生，这些影响意味着什么？

第八章

教育者的新角色

你不能用昨天的课程来教今天的孩子，却又期望他们为明天做好准备。

——贾斯汀·塔特（Justin Tarte）

127 前两章中，我们对现代社会的学习和生活做出了一些预测。首先，我们描绘了未来学习的图景，这样的学习才能让学习者在现代社会取得成功。其次，我们探讨了教育者必须教授哪些技能，才能帮助学习者在这个不断变化的全球化世界中做好准备。然而，还有一个关键的问题尚待回答，那就是未来的教师和教学将会是什么样子。本章我们就要探讨教育者必须做出的 11 个角色转变。

128

教育者必须承担的 11 个新角色

1. 教育者须面向未来。
2. 教育者须终身学习。
3. 教育者须是学习的引导者，而非讲台上的权威。
4. 教育者须是通才。
5. 教育者须拥抱探索式学习。
6. 教育者须让学习具有现实意义。
7. 教育者须拓宽课程的视野。
8. 教育者须是学生思维水平的评价者。
9. 教育者须施行全面心智教育。

10. 教育者须将技术作为一种学习工具来利用。

11. 教育者须对学生做出全面评价。

角色 1：教育者须面向未来

请大家思考一个重要的问题：教育者是应该教给学习者当下重要的东西，还是应该把精力放在培养学习者的未来生存技能上？读完前面的内容后，你大概会认为要选后者，但其实两者是可以兼而有之的。教育者既可以教授课程标准中的内容，同时也可以帮助学习者培养现代社会的基本技能，即我们在第七章中阐述的 21 世纪需要学习的八大核心能力。

我们并不是要求教育者放弃那些多年来行之有效的教学实践和策略，我们只是希望他们能在教学中多做一些新的尝试，多探索一些新的教学方式。例如一位传统的以讲授为主的教师可以在其教学实践中引入一些改变，尝试问题导向或作品导向的教学方法，或者开展翻转课堂的实验，探索基于游戏或经验的学习模式，等等。互联网上有很多优质资源可以帮助你开启面向未来的教育探索。

学习环境对学习者的影响是深远的，引入新的学习模式能 129
让学习者和教育者都打开未知的大门，并从中受益匪浅。

新媒体联盟每年都会发布一份名为《地平线报告》的系列报告（Becker，Freeman，Hall，Cummins，& Yuhnke，2016）。该报告会预测哪些新兴技术和趋势有可能在来年和未来改变教学、学习和评价。之前的报告准确地预测了一些教育趋势，如远程学习、云计算、翻转学习和社交网络，并将它们视为改变未来学习方式的重要力量。近期的《地平线报告》预测的教育界新兴趋势包括机器人、3D 打印、人工智能、编码、创客空间、虚拟现实和增强现实，以及大数据（Freeman，Becker，Cummins，Davis，& Giesinger，2017）。

对于未来的趋势，教育者最好既保持机警，又主动深入了解。

面向未来的相关资源

《富足：未来比你想象的更好》

（*Abundance：The Future Is Better Than You Think*，Peter H. Diamandis and Steven Kotler，2012b）

本书作者汇编了对科学家、发明家和行业专业人士的采访和研究，以乐观的态度告诉我们，突飞猛进的技术、自主创新、科技慈善家群体和新崛起的经济主力军是如何通力协作来解决当今世界的难题的。两位作者已经感受到了颠覆性变化的脉搏及其对未来教育的直接和间接影响。

《复杂性：青少年的网络社交生活》

（*It's Complicated：The Social Lives of Networked Teens*，Danah Boyd，2014）

丹娜·博伊德在本书中详细描述了数字化一代青少年错综

复杂的网络社交生活，这种近距离的观察和总结有助于教育者更好地理解当代学习者的思维和学习过程。

职业学习网络：“现代学习者”

（Modern Learners，https：//modernlearners. com）

出版家威尔·理查森（Will Richardson）和布鲁斯·狄克逊（Bruce Dixon）考察了教育的新兴趋势，分享了在这方面的新观点，并给出了一些能帮助教育者成为现代学习者和领导者的具体策略。

“奇点中心”

（博客和新闻汇集平台，https：//singularityhub. com）

该网站旨在探讨对未来有影响力的突破性趋势，会聚了一 130
批充满热情、敢于行动、希望改变世界的人。这个网站还分析了技术将如何影响我们的工作方式、娱乐方式和学习方式。

《多谢姗姗来迟：加速时代乐观主义者的成功指南》

（*Thank You for Being Late：An Optimist's Guide to Thriving in the Age of Accelerations*，Thomas L. Friedman，2016b）

弗里德曼在本书中探索了为何国家和个人必须学会快速（快速创新和快速适应）、公平（准备帮助变革中的弱者）和缓慢（屏蔽噪声、挖掘深层价值观）。在他勾勒的现代世界蓝图中，他特别指出，终身学习是所有人在现代世界生存和发展所必需的一项基本能力。

角色 2：教育者须终身学习

我们的职业生涯和个人生活中有很多这样的例子：不快速学习就要承担后果。教育者也不例外，他们必须不断地学习新知识、清空旧知识、再整合新老知识，才能不断提高教学技能。教育研究人员每天都能发现新的教学方法，但这些信息却很容易被忽视掉，或者被淹没在信息海洋中。我们要为未来的职业生涯蓄力，更要为我们的学习者蓄力。幸运的是，数字化时代让追求终身学习的教育工作者不再需要孤军奋战。

各种各样的在线协作工具能让我们管理和分享大量知识。数字化一代在众多社交平台上进行交流、合作和分享，这个过程正在创造一个不断扩大的知识宝库。而教育者更可以利用这些工具来终身学习，如用社交平台创建职业学习网络（professional learning networks，PLNs），在上面分享教学想法和资源，还可以利用教育类社交平台与其他老师相互学习。

131 挑战永远存在，但挑战不会在我们准备就绪的时候出现，比如说，不会只在课堂上、培训中或专业发展课程中现身。所以每一个人——劳动者、父母、学习者、教育者——都必须准备好在传统教育环境之外继续学习，别让学校成为我们培养新技能和获取新知识的唯一场所。终身学习是我们的职业生涯和个人生活的必由之路。

终身学习的相关资源

学习网站："学习使命"

（Mission to Learn，www.missiontolearn.com/lifelong-learner-free-resource）

该网站提供了无可匹敌的海量学习资源，并允许用户之间相互交流和协作，教师和学生可以利用网站上的资源进行教学，让教学以充满智慧、信息充实和令人愉悦的方式开展。

"DIY 天才"

（DIY Genius，www.diygenius.com/100-self-education-resources-for-lifelong-learners）

该网站的创建者旨在为那些想要设计自己的学习课程并创造自己喜爱的工作的创意梦想家，提供一个实践创新项目的平台和资源。学习者可以在此施展自己的才华，磨砺自己的创新能力。

《学习与收入：终身学习正在成为经济的当务之急》

（"Learning and Earning：Lifelong Learning Is Becoming an Economic Imperative"，in *Economist*，Andres Palmer，2017）

本文分析了技术与教育和就业之间的关系。

《真相=终身学习者》

(*Authenticity=Lifelong Learners*，John McCarthy，2015)

约翰·麦卡锡在书中总结了一些教育方法和教育实践，可供教师借鉴，帮助学习者培养在现代社会中成功所需的终身技能。

角色3：教育者须是学习的引导者，而非讲台上的权威

教育者的工作不是向学习者展示自己有多聪明、多厉害(尽管长久以来我们就是这么做的)，而是帮助学习者成为独立
132 的思考者，成为有能力跳出条条框框进行创新，而不是只会人
云亦云的人。课堂上最努力的人永远不应该是教师，而应该是学生。要做到这一点，教师就要把学习的责任转移到学生身上。

但如果我们延续原来的教学模式，继续纵容学习者的依赖性，那么一个学生即使到了十二年级，可能仍会指望老师来告诉他们如何准备考试、顺利升级，最终顺利毕业。到了毕业后，学校里可以依赖的东西——教师、教材、考试等——统统不在时，许多人便会不知所措，最后一败涂地。我们教育者要对这些失败的学生负责任，因为是我们从幼儿园开始养成并助长了他们的依赖性。

作为教育工作者，我们的责任是帮助学习者培养独立的能力、树立独立的人格。想想学走路的孩子吧。当他们第一次站起来，尝试自己走路时，都不可避免地会跌跌撞撞、失去平衡，

甚至摔倒。难道这时父母会走过去指着他们说：“你得了C-，27%的尝试都是失败的，五次机会已经用完了，但你还是没有达到走路的标准”？难道父母会给他们制定一个“走路不能摔倒”的规则，会规划一个“直立行走”的课程？当然不会！父母会帮他们站起来，拍掉他们身上的灰尘，擦去他们脸上的眼泪，并鼓励他们再试一次。因为为人父母的最终目标是帮助自己的孩子变得独立，有朝一日可以不再需要自己。

为什么作为父母的我们能理解这一点，但作为教育者的我们却不能呢？我们必须努力逐步放手，让学习者养成独立的能力。我们的目标是，当学习者从学校毕业时，他们可以不再需要老师，可以自己解决问题。教学习者走路，是先陪在他们身边走一段时间，然后离开，让他们自己走下去。这样我们才能培养出学习者的自立能力，让他们既能懂得谋生又能懂得生活。

学习的引导者的相关资源 133

《什么是翻转学习？》

（“What Is Flipped Learning?”，Flipped Learning Network，https：//flippedlearning. org/wp-content/uploads/2016/07/FLIP _handout_FNL_Web. pdf）

本文解释了翻转学习的概念，以及如何通过动态的、交互式的学习环境来实现小组学习，从而更好地引导个性化学习。

《反思教学计划》

（“Rethinking the Lesson Plan”，Katie Martin，2017）

作为 USD 移动技术学习中心的专业学习主管，凯蒂·马丁分享了她对改变传统课程计划、改善现代学习体验的一些见解。

《改变一下你的课程，发展学生的理解和好奇心》

（“Try This，Not That：Make Over Your Lessons to Promote Student Understanding and Curiosity”，Nancy Van Erp and Diana Fenton，2016）

作者分享了一些关于现代学习的优秀观点，以此启发和指导当今教育者的教学实践。

角色 4：教育者须是通才

我们在本书中多次说过，工业时代的学业成就很大程度上是建立在学生记忆事实的能力上的。我们的社会曾经高度重视和慷慨奖励那些能吸收和反刍大量信息的人。但现代社会的挑战在于，记住了和理解了是两码事。我们在第六章中说过，当今的学习者不需要成为专才，而需要成为通才（HRreview，2013）。

通才意味着专门化的内容要让位于综合性的知识。随着学习从死记硬背转向更有意义的技能应用，人才标准也发生了从专才到通才的转变。所谓的通才们具备了在信息大爆炸的时代处理各种信息所需的有效信息分析技能（我们在第七章详细探讨了信息分析技能）。这也意味着未来的成功将不再仅仅取决于我们所记住的东西，更加取决于我们对信息的感知能力，我们将信息转化为知识的能力，以及我们应用这些知识来解决现实世界的问题的能力。 134

通才广泛研究多个不同的领域，对连接这些领域的更深层次的法则有自己的理解，并能将这些法则应用到他们的核心专业中。所谓“流体智力”，是解决新问题的能力，而“晶体智力”大致相当于一个人所积累的知识存量。这两种智力正变得同等重要。这也意味着成功靠的是学以致用而非记忆。

通才教育对教育者来说是一个重大的挑战。传统教育系统中，教育者的主要任务是让学生为考试做好准备。未来的教育系统中，教育者要重点帮助学生学会将所学知识用来解决实际问题或迁移到新的情境中。为了衡量我们是否做到了位，教育者要不断自问：“我们现在的考量标准是什么？”“什么是我们没有衡量的？”“是否有些我们没有衡量的东西，对学习者准备好踏入未来社会至关重要？”

培养通才的相关资源

《老员工，新把戏：老员工在工作场所中的表现》

（“Old Dogs，New Tricks：How Older Employees Perform in the Workplace”，in *Economist*，2017）

这篇文章探讨了人类大脑如何成熟与老化，并指出流体智力和晶体智力将随年龄增长而保持下去甚至随之增长。放到教育的背景下来看，这意味着所有人，不论年龄大小，都有能力进行学习。

《为什么埃隆·马斯克比别人学得更快更好》

（“How Elon Musk Learns Faster and Better Than Everyone Else”，Michael Simmons，2017）

本文分析了埃隆·马斯克作为一个成功的多面手的个人学习原则和学习策略。其中最令人赞叹的是，不管马斯克已经取得了多大的成就，他都能鞭策自己继续学习新东西。

135 **《毕加索、开普勒及成为通才的好处》**

（“Picasso，Kepler，and the Benefits of Being an Expert Generalist”，Art Markman，n. d.）

伟大的发明家与其他人的一个区别是，前者似乎在各个领域都有所涉猎，对各方面都有自己的见解，即我们所说的通才。他们坚实且广泛的知识基础构成了创造力的地基。这篇文章探讨了如何利用知识来探索创造力。

角色 5：教育者须拥抱探索式学习

你有没有这样的经历：看一部恐怖电影，却被人剧透了，结果再看下去也没意思了。不只是电影，某本我们想看的书、某个我们想玩的游戏或某个想读的故事，突然被一篇网络帖子或一段无辜的评论泄露了结局，你会不会很失望？这就是被剥夺了体验的感觉。这样的情况下，再继续做下去会毫无意义。

我们在第六章讲到过，当教师过多地使用讲授作为教学方法时，学习者会有类似的体验被剥夺，从而失去兴趣的感觉。把知识直接告诉学习者，就是剥夺了他们自己发现新知识的体验。在第六章中，我们把这种讲授式的教学模式称为“以讲为教、以听为学”，这种教学模式剥夺了学习者利用教师或同伴的知识分享和指导，自己发现新东西的惊喜瞬间。教育者必须努力为学习者创建参与的途径和机会，而不仅仅是灌输知识和内容。

需要明确的是，讲授和其他形式的直接教学总是有一席之地的。我们并不是建议教育者完全摒弃这些教学方法。科恩（Cohen，2008）发现，基于发现的学习方式和直接讲授的教学方式最后产生的教学结果大致相同。然而，她的发现（也包括其他人的研究结果，如 Voltz，Sims，& Nelson，2010）中真正引人注目的是，多样化教学方法能潜移默化地拓展学习者的体验和期望。需要指出的是，“以讲为教、以听为学”的模式只适用于布鲁姆教育目标分类的较低层级（Anderson & Krathwohl，2001）。而要锻炼学习者的高阶思维能力，就必须瞄准更高层次的目标（见图 8.1）。发现式学习让学习者更有可能学会分析、
批判和发明新思想。正如法国小说家马塞尔·普鲁斯特（Marcel 136
Proust，n. d.）所说：“我们的智慧不是别人给的，必须由自己去发现。我们必须在荒野中跋涉一番，没有人能代替我们，也没有人能帮我们。”我们必须给予学习者进行探索和发现的机

会，在这个过程中增强他们的好奇心，激发他们的兴趣，并提高他们的独立性。

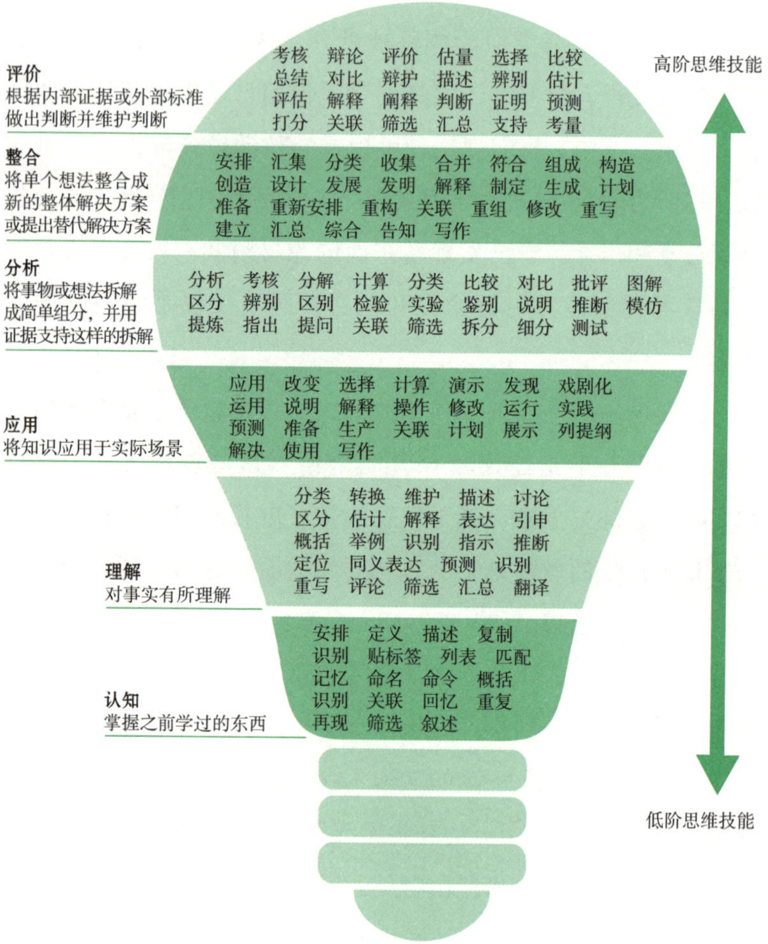

图 8.1 布鲁姆分类法中的动词

来源：Fractus Learning（n. d.）。

发现式学习的相关资源

《直接教学法与发现式教学对二年级学生理解科学课的影响》

（“The Effect of Direct Instruction Versus Discovery Learning on the Understanding of Science Lessons by Second Grade Students”，Marisa T. Cohen，2008）

科恩发现，在使用直接教学法和发现式教学的课堂之间，知识迁移并没有显著的差异。但总体而言，混合的教学方式有助于有效地传授知识和激励学生学习。 137

《将发现式教学活动融入教学设计的五个技巧》

（“5 Tips to Integrate Discovery Learning Activities Into Your Instructional Design”，Christoforos Pappas，2016）

亲身体验、自主发现是学习过程的重要组成部分。它让学习者自己去探索知识、锻炼技能，并将其运用到现实世界中。本文作者分享了一些发现式教学的技巧。

《热门教学趋势与共同核心：发现式教学与直接教学》

（“Hot Teaching Trend and Common Core：Discovery Learning vs. Direct Instruction”，Mercedes White，2012）

作者在本文中引用了一些专家观点和相关数据，分别探讨了直接教学和发现式教学的长处。

角色 6：教育者须让学习具有现实意义

在数据大爆炸的时代，信息总量呈指数级增长，而信息的有效期却越来越短。因此，真正的天才不是那些能记住大量信息的人，而是那些能找到有用的信息并用它们来解决现实世界的问题和挑战的人。内容来也匆匆、去也匆匆，只有思维过程和思维能力经久不衰。

我们并不是说内容不重要，只是教育者必须承认并重视学习者的研究能力、解决问题的能力、（书面和口头）沟通能力和创造能力，并帮助他们培养这些方面的思维技能。为此，教育者要把最能反映现实世界的内容、技能和思维过程融入教学，
138 融入学习者的学习体验，成为学习过程和学习环境的提供者，而不仅仅是内容传授者。

知识的主要作用之一就是解决现实世界的问题以及创造新事物。而为了让我们的学习者能将知识运用于解决实际问题和创造新事物，我们的教育者就得设计出问题来让他们解决，布置出任务来让他们进行创造。教育者本质上必须是挑战和任务的创造者。

具有现实意义的教学的相关资源

《通过以问题为本的学习来解决实际问题》

（“Solving Real-World Issues Through Problem-Based Learning”，in Edutopia，2016）

位于华盛顿特区的两所公立特许学校，把基于问题的学习

模式融入了从幼儿园到八年级的每一个学习阶段。学校向学生抛出现实世界的实际问题，让他们进行一系列调研，指导他们创作出自己的作品并将其呈现给真实的观众。

《解决现实世界的问题：基于项目的解决方案》

（“Real-World Problem Solving：Project-Based Solutions”，in Edutopia，2015）

克里林小学的教师们在设计项目和课程时，通常会把学校和社区的实际需求拿来作为吸引学生探索现实世界的催化剂，而不是凭空捏造一些问题来让学生解决。

《学习者的设计挑战大赛：解决一个现实世界的问题!》

（“A Design Challenge to Students：Solve a Real-World Problem!”，Ian Quillen，2013）

设计一个可回收的午餐托盘，建立一个可以预防城市火灾的供水系统，策划一个消除饥饿的公众意识活动，等等，这些只是学习者参与“设计挑战大赛”时会碰到的任务类型中的几个例子。“设计挑战大赛”旨在让学习者亲身体验和参与解决所在社区的实际问题。

《将真实世界融入课堂的 12 个方法》

（“Top 12 Ways to Bring the Real World Into Your Classroom”，Kim Haynes，2015）

作者在本文中分享了 12 个能将真实世界融入课堂，从而带给学习者真实学习体验的建议。

角色 7：教育者须拓宽课程的视野

我们在前面已经说过，在大规模生产的工业原则下，工人要在指定岗位上像机器人般快速而准确地完成任务。在这样的工作体系中，每个工人只对他们自己手上的工作任务负责，在此之前或之后的产品怎样、有什么问题，他们是不去思考或关心的。类似地，学校把学习内容分成几个独立的学科，告诉学生每个问题都只有唯一
139 的正确答案，而他们要做的就是记住答案，而不是自己推导。

然而我们的生活其实是由紧密关联的人生经验所组成的，如果教育者能用整体的方法向学生展示不同学科之间的联系，学生就能更好地理解知识。揭示数学、科学、语言等学科之间的联系，以及这些不同学科的思想如何相互影响与融合，如何与学校之外的世界相融合，正变得越来越重要。

学生可以在数学课堂上单独体验和学习数学这一门课，但数学这门知识在生活中的应用并不是孤立存在的。相反，统计、逻辑、概率、代数和三角学这些数学知识，在实际中是与音乐、科学、艺术、社会研究、语言艺术和心理学等相联系的。在真正的 21 世纪的课堂中，数学会更像一个应用范畴般的存在，渗透到学生在其他学科中需要处理的各种任务和问题中，而其他学科也是如此。这正是芬兰采取的教学方法，芬兰教师想方设法让不同学科之间相互渗透和补充，而不是让学生学习彼此割裂的学科（Garner，2015）。

跨学科的学习并不需要在学科之间划清界限。我们必须教

得更深而不是教得更广，要将不同学科联系起来，将学习与学校外的现实世界结合起来，要注重实际意义和实际联系，要采取更加全面的教学策略。我们将在本章最后一节“教育者须对学生做出全面评价”中进行更多探讨。

拓展课程视野的相关资源

《综合学习：一个项目，多个学科》

（“Integrated Learning：One Project，Several Disciplines”，in Edutopia，2015）

高新科技高级中学①的老师们通过为学生建立跨学科项目来整合不同的知识和内容。老师们发现，可以从很多不同的学术领
域激发学生的学习兴趣。老师们合作在不同学科课程之间建立 140
起许多联系，这大大激发了学生的学习兴趣，提高了参与度。

《跨学科：跳出框架思维》

（“Transdisciplinarity：Thinking Inside and Outside the Box”，Matt Levinson，2016）

错综复杂的全球化问题（如水污染问题或贫困问题）不是靠某一个学科就足以解决的。这篇文章向读者阐明了多面向的问题需要跨学科的解决方案，而跨学科解决问题的能力是在现代社会生活、工作和学习的一项基本能力。

---

① 位于美国加利福尼亚州，由比尔·盖茨建立。——译注

《为什么每个班级都应该跨课程》

（“Why Every Class Should Be Cross-Curricular”，Kimberly Greene，2016b）

作者分享了她为学习者设计跨学科课程以培养他们的批判性思维技能的一些经验和想法。

《协同规划：跨学科整合课程》

（“Collaborative Planning：Integrating Curricula Across Subjects”，in Edutopia，2016）

胡德河中学为学生提供了跨学科项目，使学习变得切合实际、相互融通、有趣味性。

《深入学习：为什么跨学科教学至关重要》

（“Deeper Learning：Why Cross-Curricular Teaching Is Essential”，Ben Johnson，2013）

本文作者认为教育者在教学中割裂学科的做法就要终结了。他认为割裂式教学可能对上一代人有用，但它无法满足学生进行更深层次学习的需求。作者在文中分享了他如何通过清晰的行动计划和学习资源引导学习者深入学习。

角色8：教育者须是学生思维水平的评价者

有一个故事，说的是一辆拖拉机拖车因为过高而被卡在了隧道里，拖车司机、救援人员和道路工人费了九牛二虎之力都不知道如何将拖车从隧道里弄出来。一个小男孩却想出了主意。他建议给拖车的轮胎放些气，轮胎瘪下来后，拖车高度就降下来了，拖车也顺利开了出来。小男孩的这个建议简单而有效，堪称绝妙。成年人想得复杂，可惜却不奏效。

如果老师布置下去一个项目任务，但每个学习者交上来的作品是相同的，那这就不是一个项目，而是菜谱（Lehmann，2011）。当不同的学生采取同一种想法和方案来解决问题时，他们的思维是收敛的。收敛性思维在我们的学校里很常见，主要是因为很多教学和评价会要求学习者对某个问题给出最好、最正确的那个答案，例如，2 加 2 就是等于 4。收敛性思维强调速度、准确性和逻辑性，侧重于识别熟悉的、能重复应用的技术 141
和积累已知信息（Goodman，2014）。

相反，当教师给出开放式的问题或情境，并认可多种不同的答案时，学生就会进行发散性思考。这样的教学和评价方法鼓励学生摆脱思维限制，展示出独特的东西。例如让他们制作一个公告，告诉大家水污染的危害。学习者可以研究有关水污染的资料，并选择用不同的媒介来展示自己的公告，如广告、播客、海报或小册子等等。这个任务的解决方案会是多种多样的。

没有哪种思维方式和教学方式是完全正确或完全错误的。学校必须在收敛性教学和发散性教学之间找到平衡。理想情况下，发散性思维和收敛性思维相互协调工作（Goodman，2014）。作为教育者，我们不仅要创造机会让学生探索那些只有唯一答案的问题（收敛性），还要给他们制造挑战，让他们发挥出创造潜能，去探索别具一格的独特解决方案（发散性）。发散性思维在鼓励个性自由、鼓励冒险和尝试、允许犯错的学习环境中更有可能取得成效。

评价思维水平的相关资源

《用发散性思维在课堂上激发创造力》

（“Fuel Creativity in the Classroom With Divergent Thinking”，Stacey Goodman，2014）

本文作者分享了自己如何让学习者在学习中运用发散性思维，如何让他们跳脱出条条框框和死记硬背，产生新鲜的想法。

《怎样建立你的职业学习网络》

（“How to Build Your PLN”，Jacqui Murray，2015）

本文对职业学习网络做了阐述和定义，并提供了详细的步骤和说明，指导教育者创建一个满足自身个性化和专业成长需求的职业学习网络。

142 **《从一个改变开始：教会学生提问》**

（*Make Just One Change: Teach Students to Ask Their Own Questions*，Dan Rothstein and Luz Santana，2011）

这本书的作者不仅指出了教会学生提问的重要性，还分享了一套条理清晰、循序渐进的，向学习者传授复杂思维技能的方法。

角色9：教育者须施行全面心智教育

要探讨如何进行全面的心智教育，就势必绕不过一个问题：全面的心智到底指什么？这是一个有趣且颇受争议的问题。它可以追溯到一个关于大脑的发现：人的大脑分为两个半球，这两个半球在思考过程中发挥不同的功能。20世纪的许多研究者，如丹尼尔·平克（Pink，2006）就认为，人的左脑负责逻辑和语言，而右脑负责情境、合成和创造力。然而，随着对大脑功能的了解逐步深入，人们越来越清楚地认识到这样的区分并不完全准确。大脑的思维功能远比我们以前所了解的要复杂得多。研究表明，大脑的左右两半实际上都参与了不同类型的思考过程，而左脑–右脑理论把这个问题过度地简单化了（Medina，2008）。

国际心智、脑与教育学会（International Mind，Brain，and Education，MBE）的创始主席库尔特·费希尔（Kurt Fischer）这样评论所谓的左右脑思维（Bernard，2010）：

> 完全是胡说八道，除非把大脑的一半给切除了……。这种观点很可能是对诺贝尔奖得主罗杰·斯佩里（Roger Sperry）的大脑研究成果的误读。斯佩里研究了那些左右脑经手术分割开的人，由此注意到了左右脑的一些差异。

143 我们有些人更倾向于艺术，有些人更倾向于科学，这是自然的。但这与某些依据大脑的解剖部位而划分的功能分布无关，而更多地与环境和基因有关。

这种被广泛接受的关于大脑功能的过度简化的解读，还得到了进一步引申：左脑与顺序思维有关，能专门识别串连的事件，如说话、阅读和写作。左脑通过将图像和事件分解成不同部分并加以分析来处理逻辑和意义，对单向度的内容进行解码（Medina，2008）。

一些人还认为大脑的右半部分负责处理情绪表达和情境，并能整合信息以创造意义。右脑同时接收图像和事件的不同方面，并将它们整合到一起，从而在整体背景中理解事物并创造意义，这是因为右脑擅长综合。右脑通过整合同时发生的事物来解决矛盾、理解情况、判断意义（Medina，2008）。

在理解“乔的心怀有得克萨斯州那么宽广”（Joe has a heart the size of Texas）这句带有比喻义的谚语时，我们的左脑会意识到心的大小与得克萨斯州的大小之间的悬殊对比和矛盾；而我们的右脑将这种对比放到语境中，并以此确定这句话真正的含义——乔是一个非常善良和有爱心的人。大脑的左右半球都参与了这个理解过程，这一点是非常重要的。高阶思维总是需要左脑和右脑的共同参与。

教育者必须让学生进行全脑思考，学会同时利用大脑的左右两边。高阶思维是机器无法轻易模仿的一种技能，也叫作全脑思维技能。这些技能包括自省能力、人际交往能力、解决问题的能力、协作能力、信息分析和信息沟通的能力、创造力和全球意识（见第七章，21世纪学习的八大核心能力）。

全面的心智教育还要求教育者认识到，学习不是老师在台上讲、学生在下面听那么简单。几十年的教育研究和课堂观察告诉我们，每个学习者都是独一无二的。有些学习者在数学和逻辑等方面很强；有些人擅长社交和协作；有些人动手能力强，能建造、绘画、雕刻或设计出任何他们寄托了思想的事物；有些人是优秀的演讲者，也是用心的倾听者；有些人能过目不忘。作为教育者，我们必须接受每个学生都有不同的长处和短处并尊重这一点，必须调整我们的教学方法，帮助他们扬长避短。

尽管大脑的很多功能还有待我们去发现，但关于它如何运作和学习，我们已经有了更深一层的理解。比如我们知道有规律的运动、充足的睡眠和适当的营养有助于促进大脑的健康运转（Medina，2008）。我们知道复杂的、经过努力才能取得成果 144
的活动，会促进大脑释放一种与愉悦相关的神经递质，即多巴胺（Willis，2007）。我们还知道能触发多巴胺释放的活动在个体之间存在显著差异，所以不同人的大脑处理信息的方式，以及这些信息如何成为我们的长期记忆，也是存在显著差异的。

教育者必须认识到，多样性是人生的调味品。同样地，我们也要为学习者提供多样的教学方法、策略、资源、工具和体验，以丰富他们的学习之旅。讲授是一种很好的教学策略，但教育者不应过度使用它。我们的大脑喜欢有模式、有声音和有色彩的东西，在教学中要更多地使用这样的资源。我们要为学习者安排独立学习和协作学习的体验。要试着通过添加视觉媒介，提高将信息存入长期记忆的机会（Jukes et al.，2015）。要经常变换学习环境，到户外去，定期重新布置教室，参加实地考察，在数字化世界和现实世界中开展志愿服务活动等，探索真实的世界。

全面心智教育的相关资源

《大脑法则：在工作、家庭及学校中生存和发展的 12 条法则》

（*Brain Rules*：*12 Principles for Surviving and Thriving at Work*，*Home*，*and School*，John Medina，2008）

分子生物学家约翰·梅迪纳与我们分享了脑科学对教学方式的变革力量。梅迪纳在每一章中都概述了大脑运作的一个法则，并用视频解答了长期以来关于大脑的若干神话，解释了研究人员和学者对大脑运作机制的具有真凭实据的认识。

《关于快乐教育的神经科学》

（“The Neuroscience of Joyful Education”，Judy Willis，2007）

教育学家、神经科学家朱迪·威利斯博士研究了学生对教育的热情是如何随着年级的增长而减弱的，其中的部分原因是标准化考试和死记硬背的学习方式侵蚀了他们天生的学习乐趣。她探讨了为什么许多决策者会错误地认为那些活泼、大笑、喜欢在小组中互动，或在艺术、音乐或舞蹈方面富有创造力的学生没有在好好学习，以及决策者的这种想法如何让老师倍感压力，从而不得不让自己的课堂变得更安静、更缺少活力、教学效果也更差。

《重新定义学习：数字化一代的学习策略和应用程序》

（*Reinventing Learning for the Always-On Generation：Strategies and Apps That Work*，Ian Jukes，Ryan L. Schaaf，and Nicky Mohan，2015）

本书考察了教育决策者和老师可以如何运用数字化工具，建立一种有利于学生发展的现代学习环境。书中探讨了数字化时代的学习者与上一代学习者在神经加工过程上的差异，剖析了数字化学习者的九大特性，并提供了让学习变得更有适切性、参与感和乐趣的实用策略。

《颜色理论基础：提高你的审美能力》

（“Learn the Basics of Color Theory to Know What Looks Good”，Mihir Patkar，2014）

本文阐述了颜色理论的基础，回答了为什么色彩能让事物 145
（无论是我们穿的衣服还是向观众做的演示）看起来更加丰富、更加让人感兴趣。

《火花：运动与大脑的革命性新科学》

（*Spark*：*The Revolutionary New Science of Exercise and the Brain*，John J. Ratey，2013）

作者在本书中提出了一系列证据，论证有氧运动能重塑我们的大脑，使其运作和功能达到最佳状态。

《认知时代》

（“The Cognitive Age”，David Brooks，2008）

专栏作家大卫·布鲁克斯在本文中论述了为什么现代劳动者需要更加高效地对信息进行吸收、加工和整合。

角色 10：教育者须将技术作为一种学习工具来利用

人们普遍存在一种误解，认为技术就像是一个学科或一门课程，好像学习微软的文档、表格、演示文稿或各种软件、应用程序和设备本身就是目标一样。通常我们只把在我们出生后发明的东西叫作技术。写字时，我们不会停下来思考笔是怎么书写的，我们专注于写字这一任务本身。同样地，我们应该以这种态度对待当前的技术。所谓技术，就是利用工具来提高生产力，不管这些工具是 18 世纪、20 世纪还是昨天发明的。把技术用作帮助学习者进行思考和交流的工具吧。如果数字化设备可以更高效、更精确、更快速地实现这一点，那么我们教育者就应该把它们利用起来。只有当我们专注于任务本身的时候，我们才可以发挥出技术的真正力量。如果互联网数字技术能让教育者在课堂上帮学习者取得更好的成效，做出比以往更多的成绩，我们就有必要做出重大转变，增强在课堂上使用这些技术的能力。教育者要学会放下那些技术可以做到的机械性工作，把精力集中在技术无法做到的事情上。所以重点不在于教会学习者如何在谷歌上搜索，而在于培养学习者的基本研究技能，使其成为高效的探究型人才。当教学重点放在任务本身而不是技术上时，技术的使用自然会成为学习过程中必不可少的附带成果。

一些教师会认为上述观点令人不安，因为他们不希望学习 146
者过于依赖科技，导致连拼写和算术这些基本的能力都不熟练。虽然上一代的学习者在加减乘除的运算上肯定比当代及未来的学生做得更好，但当代和未来的学生在使用技术进行更快更准的运算上也肯定更有优势。理解基本的数学原理仍有绝对的必要性，但利用我们手头的工具也有其实用价值。

我们不能再把打字、文字处理或编码这些工具和技能当成独立的课程来教了。相反，我们应该把它们视为教学的附带内容，把它们融入教学过程，包括语言艺术、科学和社会研究等的教学。这样做之后，我们就会发现，技术将成为课堂的一个支撑和背景，和课堂融为一体。

教育者务必克服自己将被技术取代的恐惧。前面我们已经讲过，现在还要再重复一遍：那些可以被技术所取代的老师都应该被取代掉，而那些技术无法取代的优秀老师都会经受住大浪淘沙，越来越受到欢迎。任何一个课堂、任何一种教学工具要产生价值，都需要依靠一位灵慧的教育者的见识。教育是关乎人类未来大业的事情，只有人类才能做好。

技术作为学习工具的相关资源

《雷·库兹韦尔最大胆的预测：2030 年代人类大脑将由纳米机器人接入网络》

（“Ray Kurzweil's Wildest Prediction：Nanobots Will Plug Our Brains Into the Web by the 2030s”，Peter Diamandis，2015）

作者在文中分享了雷·库兹韦尔关于未来的技术进步和人类潜力的预测。雷·库兹韦尔的许多预测，如知识迁移和体验的下载，对未来的学习模式有很好的借鉴意义。

《教授 21 世纪的核心技能需要的不仅是技术》

（“Teaching 21st Century Skills Requires More Than Just Technology”，Beth Holland，2017）

本文作者明确论述了使用技术和培养 21 世纪技能之间的区别，并指出如果学习者无法获得学习和产出优秀内容所需的技能，那么仅仅能够使用来自谷歌、微软、苹果和亚马逊等公司的工具是不够的。

《学校开展现代学习的 10 条原则》

（*10 Principles for Schools of Modern Learning*，Will Richardson and Bruce Dixon，2017）

这本 20 页的电子书为我们提供了一个提纲，即如何把学习者培养为深入思考、资源广泛、有好奇心和思维敏捷的人。

作者分享了一份学校流程变化的行动步骤指南，以及起步阶段的教育者可以利用的网络资源。

《摩尔定律诞生50周年：计算机的未来会是怎样?》

（“Looking Ahead as Moore's Law Turns 50：What's Next for Computing?”，Jason Dorrier，2015）

本文作者提出了一个理论，它可能是计算机技术的下一个突破。在这个理论下，未来的学习者将能使用比现在更为强大、更快且更便宜的智能设备。

角色11：教育者须对学生做出全面评价 147

我们的教育系统传统上非常重视标准化考试，而标准化考试只关注一种类型的智力和一个方面的学习。康奈尔大学心理学家罗伯特·J. 斯滕伯格（Robert J. Sternberg，1985）提出了三种类型的智力：分析型智力（反映在IQ分值上）、实用型智力（与解决现实生活中的问题相关）和创造力（Wallis，2017）。标准化考试只能衡量一种特定类型的智力——分析型智力。虽然培养分析型智力很重要，但学校的任务是让学习者为未来做好准备，而未来要求我们也要具备另外两种智力——实用型智力和创造力。

实用型智力涉及我们所说的“街头智慧”，包括一个人对形势或环境的适应能力，为满足自身需要或解决问题而塑造形势或环境的能力，选择新的形势或环境来代替旧的或不太理想的形势和环境的能力。

创造力涉及发散性思维，即一个人对从未经历过的问题产生新想法或解决方案，并能日益熟稔这个过程，以至于可以越来越轻松地进行创造的能力。

问题是目前的标准化测试，如学业能力倾向测试（SAT）、美国大学考试（ACT）、研究生入学考试（GRE）、普通教育发展测试（GED）和米勒类比测试（MAT）能衡量出实用型智力和创造力吗？教育界可能认为这些考试是衡量分析型智力的有用标准，但它们在衡量高阶思维和创造力方面作用甚微。标准化测试无法全面反映一个人真正的能力和潜力。

我们目前的评价手段主要聚焦于学习者对知识的掌握程度，而不是学习本身。但我们可以开发一种注重学习过程的价值的评价系统。这样的系统不仅可以记录小测、考试、书面作业和口头汇报的情况，还可以记录课堂反馈，甚至学生和老师之间的对话（Miller，2017）。

148 全面评价将标准化考试与各种正式和非正式的评价手段相结合，包括定量和定性评价、总结性和形成性评价、自我和同伴评价、基于表现和结果的评价、基于产品和过程的评价等等。

我们的教育者必须从多个侧面来反映学习者的整体情况和能力，这意味着不仅要进行总结性评价，还要进行持续、积极、正式和非正式的形成性评价。总结性评价发生在教学过程的最后。形成性评价随着教学过程的进行而持续进行，是师生用来评价和调整学习过程的一种依据。教师利用形成性评价来检查学生的学习情况，并以此为参考依据来指导和调整以后的教学。

形成性评价有助于调整和更新学习过程。

与总结性评价的线性设计不同，形成性评价更像是一个循环的过程。教育者不断引导学习者获取知识，让他们参与学习活动，建立自己的知识库，通过各种手段（运用多种评价方法）帮助他们展示学习收获，然后对学习进行反思。

这个过程周而复始。形成性评价有各种各样的形式：课堂反馈、学习者档案、书面记录、日志、表现测评、游戏、学习者观察、轶事笔记、调查、投票、角色扮演和小品、海报、信息图表、雕塑和绘画等等。

要真正了解和评价现代学习者，我们必须使用这些形成性评价手段来评价学习者的全景全貌、全人全智。若非如此，我们面对的就永远是不完整的拼图。

全面评价的相关资源

《100 件学生可以创造的东西》

（“100 Things Students Can Create to Demonstrate What They Know”，Ryan L. Schaaf，2014b）

许多教师在课上反复使用同样的教学策略，导致教学陷入僵局。多样性是生活的调味品！学生希望以各种不同的方式表达自己，分享自己的学习。他们希望自己学的东西是有实际意义、有吸引力而且有趣的。瑞恩·沙夫的这篇文章分享了 100 种教学方法，供老师们参考借鉴。

《成功的形成性评价必备的 55 个数字化工具和应用：3 个就够你用了》

（“Take Three! 55 Digital Tools and Apps for Formative Assessment Success”，Kathy Dyer，2016）

这篇文章分享了 55 个促进形成性评价的数字化工具和应用。

《超越 IQ：人类智力的三元理论》

（*Beyond IQ*：*A Triarchic Theory of Intelligence*，Robert J. Sternberg，1985）

149 本书提出了人类智力的三元理论，对智力的概念化和智力评价的影响远超出了 IQ 的范畴。斯滕伯格的智力理论给教育者提了一个醒：智力远不止那些能从书本上背下来的东西，也不止那些能在考试中完成的东西。

《如何在课堂中找到数据驱动和学生驱动的中间地带》

（“How to Find the Middle Ground Between Data-Driven and Student-Driven Learning in Your Classroom”，Nira Dale，2016）

作者在本文中探讨了如何在数据驱动和学生驱动的教学过程之间取得平衡。她建议赋予学习者更多的选择，并利用他们的兴趣来接近和启迪他们。

本章小结

本章我们探讨了 21 世纪的合格教育者必须肩负的新角色。回顾这一章时，请确保你理解了以下要点。

- 教育者须面向未来。
- 教育者须终身学习。
- 教育者须是学习的引导者，而非讲台上的权威。
- 教育者须是通才。
- 教育者须拥抱探索式学习。
- 教育者须让学习具有现实意义。
- 教育者须拓宽课程的视野。
- 教育者须是学生思维水平的评价者。
- 教育者须施行全面心智教育。
- 教育者须将技术作为一种学习工具来利用。
- 教育者须对学生做出全面评价。

自我梳理 150

- 你认为教育者在未来的教育中还应该扮演哪些重要但未被教育界认识到的角色？
- 你是否知道有关教育者的 11 个新角色的其他书籍、在线社区、工具或网络资源？
- 本章讨论的教育者的 11 个新角色，是否其中一些角色会比另一些更重要？如果是，你认为是什么原因？
- 作为一名教育者，你觉得自己最擅长的是什么角色？你需要进一步发展的是什么角色？

结 语

不忘初心

未来的事情是危险的。文明的重大进步几乎都是那些差点摧毁了旧社会的新进程。

——阿尔弗雷德·诺斯·怀特海（Alfred North Whitehead，1967）

151 颠覆性时代的一个重大特征是我们不再以世纪、十年甚至年来衡量社会变革的周期了，社会的巨大变革可能就在几个月、几周、几天甚至几个小时内发生。这个时代前进的脚步如此之快，当我们意识到现在时，现在可能已经变成了过去。

因此，我们在职业生涯和个人生活中面临的最大挑战，将会是不仅要认识到，还要接受这个时代日新月异的变化。这变化来得如此之快，甚至连变化的性质和定义都在变化。但是当变化以迅雷不及掩耳之势来袭时（就如在教育界的情况一样），我们往往会想停留在思维惯性、传统做法和旧世界观里。

在策划和写作本书时，我们最大的担忧是，虽然教育是本着最好的出发点想为我们的下一代和我们的国家做正确的事情，但教育工作者和教育相关方却似乎无意间把我们的下一代培养成了不适应未来社会的人。

如果我们不革新教育，我们的国家、组织、社区和个人将没有能力面对一个复杂的、颠覆性的、充满巨变和创新的未来。这是教育和教育者面临的真正挑战。我们承认改变是困难的，我们也知道改变需要巨大的勇气。那么我们到底该如何应对这个时代的快速变化，如何克服惯性思维和一贯做法，如何应对终极的范式失灵？

我们深信，这些问题不止关系到教育者，不仅仅是我们的问题、我们的需求，也不仅仅是突破我们的舒适区，它更关系到下一代的未来，以及我们对他们的殷切希望。年青一代可能只占全球总人口的 20%，但他们是各个国家的全部的未来，是这个世界的全部的未来。如果我们不能尽最大可能帮助他们获得成功，我们的社会就会走向衰颓。如果我们以为平凡乏味又低薪的工作和技能可以维持我们的经济发展，那是在自欺欺人。我们要在此重复第三章中引用的未来学家鲍勃·休斯的名言：“在 21 世纪，干不用脑子的工作都只能拿最低工资”。做任何可 152
以被自动化、软硬件、外包所取代的工作，都只能拿到最低工资。因此，我们只有一个选择——要么掌握高水平的技能，要么拿最低的工资。如果我们的学校不能帮助下一代培养 21 世纪所需的核心技能，我们就辜负了他们。

我们经常听到有抱怨说现在的孩子不同了，学校也不是以前的学校了。但是坦率地说，我们认为现在的学校问题恰恰就在于还是以前的老样子。在文化、认知和社交上，数字化一代与上一代已截然不同，但学校的结构和模式却仍然与 20 世纪的学校大同小异。

如果我们想让学习者为迫近的未来做好准备，而不是驻足于过去，我们的学校就要采取新的教育方式。更重要的是，教育者要具备新的思维方式。经济、技术、信息、人口和政治力量曾经并将继续改变人们的生活和工作方式，这些改变将以更快的速度出现。学校也必须像企业、社区和家庭一样，不断适应剧变的环境，这不仅是为了生存，更是为了繁荣。我们要为新的世界建立新的学校，为下一代人走出校门后的人生奠基。

教育者的使命绝不是固守传统或维持现状，而是塑造未来的可能，迎接必然到来的变革。我们承认，面对剧变时不知所措是正常的，做出调整的过程是艰辛的，革新不是一蹴而就的。

笃定的沙丁鱼

做出改变绝非易事，我们每天要面临的压力和挑战就能轻易将我们压垮。每当伊恩感到要被压力压倒时，他就会前往加利福尼亚州蒙特雷市的蒙特雷湾水族馆（在他看来，这是世界上最出色的水族馆）放松。有一回，礼品店里播放了一段关于蓝鲸的视频。蓝鲸是地球上最大的哺乳动物。一头蓝鲸比一架满载的波音 737 飞机还重。它们的长度有三辆校车首尾相连那么长，心脏有一辆甲壳虫小汽车那么大，光舌头就有 8 英尺（约合 2.44 米）长。一头成年蓝鲸每天要吃掉 4 吨磷虾（whalefacts.org）。据专业人士估计，一头幼年蓝鲸在出生后的第一年
153 里，每小时体重会增加 15 磅（约合 6.81 千克）。关于蓝鲸的另一个少有人知的事实是，巨大的身形让它们转个身都要花三到五分钟的时间。我们会发现，体型巨大的蓝鲸和我们现有的学校体系之间有非常明显的相似点，两者似乎都需要相当长一段时间才能做出改变和调整。

如果我们从播放这段关于蓝鲸的视频的礼品店穿过去，向左走大约 50 码（约合 45 米），就会看到一个十层的玻璃水箱。水族馆的工作人员往里面放了大量产于蒙特雷湾的海洋生物。

伊恩认为这个水箱绝对是蒙特雷湾水族馆的镇馆之作。读过《罐头厂街》（*Cannery Row*，Steinbeck，1945）的人会知道，20世纪上半叶的时候，蒙特雷湾的深水水域每年两次会出现来源不明的成群结队的沙丁鱼，它们聚集在一起，规模堪比一个高楼耸立的城市街区，不是一头、两头或三头蓝鲸的体积可以比拟的，而是一千头蓝鲸的规模（McCain & Jukes，2000）。

蓝鲸转身的方式和沙丁鱼群掉头的方式有一个根本的区别：前者是缓慢的，而后者几乎是瞬时的。沙丁鱼群是如何做到快速转向的？鱼儿们怎么知道何时转向？是超感知觉吗？是互联网络吗？难道它们也在用社交网络？伊恩很是好奇。他贴近水箱的玻璃壁，仔细观察里面游动的一大群沙丁鱼。起初，所有沙丁鱼似乎都朝着同一个方向游去。然而，过了一会儿，当伊恩的眼睛开始适应了光线之后，他慢慢地意识到，几乎随时都有一小群沙丁鱼在朝反方向游，它们在鱼群里引发冲突、不适和混乱。

当鱼群里真正愿意改变方向的沙丁鱼达到临界数量时——这个临界数量并不是整个鱼群中50%或60%的沙丁鱼想转向，而是有10%到15%的沙丁鱼真正坚信应该转向——其余的沙丁鱼便会立刻跟着改变方向。20世纪60年代以来，社会对烟草和酒后驾车的排斥、社交媒体的出现、对气候变化的担忧等等，正是经历了这样的一种转变。每一个态度的转变看似是在一夜之间发生的，但事实上，它们是经过多年的积聚才形成的。

我们不禁要问：你们谁愿意做那10%到15%的笃定的沙丁

鱼？谁愿意逆大流而上，跳出传统智慧，反对长期以来一贯的
154 教育理念和实践，将我们的学校、学习者和社区从现在的方向
掉转到未来需要的方向？玛格丽特 · 米德（Margaret Mead，1901—1978）有一句话脍炙人口：“永远不要怀疑一小群有思想、有决心的公民可以改变世界——事实上，他们是唯一可以改变世界的力量。”（2005，p. 12）对此，我们由衷地表示赞同。

我们不可能一味等待精英和领导先做出改变。改变要从我们自身开始，从当下开始。千里之行，始于足下，伟大的运动往往始于一个人的改变和觉醒。改变取决于我，取决于你，取决于我们每一个人。

如果我们要发掘出所有学习者的全部智力和创造才能，那我们作为教育工作者和教育领导人就要担起责任。我们的工作可以说是世界上最艰难的，因为我们要做知识时代的数亿学习者的指导者和引路人。现代教育为他们的现在和未来架起桥梁，他们的成败取决于他们所受的教育。请相信，是你们的付出、你们的热情、你们的创造力、你们的事业心、你们每一天的努力工作，架起了一座桥梁，使我们的下一代能够跨越现在和未来之间的鸿沟。当我们的下一代跨越过这道鸿沟时，我们的国家也将实现跨越式发展。你们是最大的希望，最重要的引路人！

自我梳理

- 教育领域如何应对这个时代的快速变化？
- 我们的学校该如何应对一贯做法和思维？

- 如何应对教育中终极的范式失灵？
- 为什么一些有勇气的教育家和领导者强烈期望我们的学校进行变革？
- 你愿意成为一只笃定的沙丁鱼吗？你能说服其他人与你同行吗？

参考文献

Adams, L. (2016). Learning a new skill is easier said than done. *Gordon Training International*. Retrieved from http://www.gordontraining.com/free-workplace-articles/learning-a-new-skill-is-easier-said-than-done/

Amadeo, K. (2017, March 30). *How outsourcing jobs affects the U.S. economy*. Retrieved September 20, 2017, from www.thebalance.com/how-outsourcing-jobs-affects-the-u-seconomy-3306279

Amazon. (2016, December 5). *Introducing Amazon Go and the world's most advanced shopping technology*. Retrieved November 6, 2017, from www.youtube.com/watch?v=NrmMk1Myrxc&t=50s

Amos, J. (2009, October 26). The consequences of dropping out of high school: Average high school dropout has a negative net fiscal contribution to society of $5,200, says new report. *Alliance for Excellent Education*. Retrieved March 1, 2018, from https://all4ed.org/articles/the-consequences-of-dropping-out-of-high-school-average-high-school-dropout-has-a-negative-net-fiscal-contribution-to-society-of-5200-says-new-report

Anderson, J. (2010). *ICT transforming education: A regional guide*. Bangkok, Thailand: UNESCO Bangkok. Retrieved March 1, 2017, from http://unesdoc.unesco.org/images/0018/001892/189216e.pdf

Anderson, L. W., & Krathwohl, D. (Eds.). (2001). *A taxonomy for learning, teaching, and assessing: A revision of Bloom's taxonomy of educational objectives*. Boston: Allyn & Bacon.

Arbesman, S. (2013). *The half-life of facts: Why everything we know has an expiration date*. New York: Current.

Arnett, T. (2016, December 7). *Teaching in the machine age: How innovation can make bad teachers good and good teachers better*. Retrieved March 3, 2018, from https://www.christenseninstitute.org/publications/teaching-machine-age

Artificial intelligence: Anything you can do, AI can do better. So how will it change the workplace? (2016, August 14). *Economist*. Retrieved October 1, 2016, from https://learnmore.economist.com/story/57a849c338ba0ee26d98a68d

Associated Press. (2008, April 1). High school graduation rates plummet below 50 percent in some U.S. cities. *Fox News*. Retrieved March 1, 2018, from www.foxnews.com/story/2008/04/01/high-school-graduation-rates-plummet-below-50-percent-in-some-us-cities.html

AZQuotes. (n.d.). *Mark Strand quotes*. Retrieved January 20, 2017, from www.azquotes.com/author/14217-Mark_Strand

Baldwin, H. (2012, July 24). *Time off to innovate: Good idea or a waste of tech talent?* Retrieved September 20, 2016, from www.computerworld.com/article/2506129/it-management/time-off-toinnovate-good-idea-or-a-waste-of-tech-talent-.html

Ballard, S. (2016, August 8). Why is change so hard? *Psychology Today*. Retrieved March 1, 2018, from https://www.psychologytoday.com/blog/the-truth-about-exercise-addiction/201608/why-is-change-so-hard

Basulto, D. (n.d.). *Why Ray Kurzweil's predictions are right 86% of the time*. Retrieved September 20, 2016, from http://bigthink.com/endless-innovation/why-ray-kurzweils-predictions-are-right-86-of-the-time

Bazelon, E. (2012, August 21). *Benefits of delayed gratification in children*. Retrieved March 1, 2018, from http://health.heraldtribune.com/2012/08/21/benefits-of-delayed-gratification-in-children

Becker, S. A., Freeman, A., Hall, C. G., Cummins, M., & Yuhnke, B. (2016). *NMC/CoSN horizon report: 2016* (K-12 ed.). Austin, TX: New Media Consortium.

Bernard, S. (2010). Neuro myths: Separating fact and fiction in brain-based learning. *Edutopia*. Retrieved March 1, 2018, from www.edutopia.org/neuroscience-brain-based-learning-myth-busting

Bianculli, A. (2001). *Trains and technology: The American railroad in the nineteenth century—Volume 1: Locomotives*. Newark: University of Delaware Press.

Bianculli, A. (2003). *Trains and technology: The American railroad in the nineteenth century—Volume 3: Track and structure*. Newark: University of Delaware Press.

Blanton, A., & Rosenbaum, E. (2013, January 4). *The banana interface*. Retrieved October 1, 2016, from http://makezine.com/projects/make-33/the-banana-interface

Bloom, P. (2013, January). Coming soon: Computers will use the five senses to enhance our lives. *WIRED*. Retrieved March 1, 2018, from www.wired.com/insights/2013/01/coming-soon-computers-will-use-the-five-senses-to-enhance-our-lives

Boyd, D. (2014). *It's complicated: The social lives of networked teens*. New Haven, CT: Yale University Press.

Bradley, S. (2015, April 29). Design principles: Compositional flow and rhythm. *Smashing Magazine*. Retrieved March 1, 2018, from www.smashingmagazine.com/2015/04/design-principles-compositional-flow-and-rhythm

Brandt, R. (1988, February). *On changing secondary schools: A conversation with Ted Sizer*. Alexandria, VA: Association for Supervision and Curriculum Development. Retrieved September 1, 2016, from www.ascd.org/ASCD/pdf/journals/ed_lead/el_198802_brandt.pdf

Briggs, S. (2016, May 19). *12 facets of education that will be obsolete by 2025*. Retrieved May 1, 2017, from www.opencolleges.edu.au/informed/features/25-things-that-will-be-obsolete-by-2025

Brighterion. (2017). *Next generation, artificial intelligence and machine learning*. Retrieved March 1, 2018, from https://brighterion.com/next-generation-artificial-intelligence-machine-learning

Bronson, P., & Merryman, A. (2010). The creativity crisis. *Newsweek*. Retrieved March 1, 2018, from www.newsweek.com/creativity-crisis-74665

Brooks, D. (2008, May 2). The cognitive age. *New York Times*. Retrieved June 1, 2017, from www.nytimes.com/2008/05/02/opinion/02brooks.html

Brown, G. C. (2016, April 13). *By 2020 5 million white collar office jobs will disappear*. Retrieved September 20, 2016, from www.linkedin.com/pulse/2020-5-million-white-collar-office-jobs-disappear-world-gary-brown

Brown, M. (2013, May 16). *The value of strategic thinking exercises*. Retrieved September 20, 2016, from http://brainzooming.com/strategic-thinking-exercises-more-than-200-strategic-planning-questions/17443

Bureau of Labor Statistics. (2016, September 22). *Employee tenure summary*. Retrieved January 20, 2017, from www.bls.gov/news.release/tenure.nr0.htm

Burmark, L. (2002). *Visual literacy: Learn to see, see to learn*. Alexandria,

VA：Association for Supervision and Curriculum Development.

Cababa，S.（2015）. *Tech trends 2015*. Retrieved November 20，2011，from www. frogdesign. com/html/techtrends2015/index. html

Camera，L.（2015，November 10）. Fewer students dropping out of high school. *U. S. News and World Report*. Retrieved December 15，2016，from www. usnews. com/news/articles/2015/11/10/high-school-dropout-rates-plummet

Canton，J.（2016）. *Future smart：Managing the game-changing trends that will transform your world*. Boston：Da Capo Press.

Carr，N.（2010）. *The shallows：What the Internet is doing to our brains*. New York：Norton.

Carter，D.（2016，July 6）. *Goodbye，linear factory model of schooling：Why learning is irregular*. Retrieved September 20，2016，from www. edsurge. com/news/2016-07-06-goodbye-linear-factory-model-of-schooling-why-learning-is-irregular

Carter，N.（2014，August 4）. *Genius hour and the 6 essentials of personalized education*. Retrieved March 29，2018，from https：//www. edutopia. org/blog/genius-hour-essentials-personalized-education-nichole-carter

Center for Applied Special Technology.（2011）. *Universal Design for Learning guidelines version 2. 0*. Wakefield，MA：Author.

Christensen，C. M.，Horn，M. B.，& Johnson，C. W.（2008）. *Disrupting class：How disruptive innovation will change the way the world learns*. New York：McGraw-Hill.

Cohen，M. T.（2008，October 23）. *The effect of direct instruction versus discovery learning on the understanding of science lessons by second grade students*. Retrieved March 1，2017，from http：//digitalcommons. uconn. edu/cgi/viewcontent. cgi?article=1027& context=nera_2008

Collaborative planning：Integrating curricula across subjects.（2016，April 19）. *Edutopia*. Retrieved June 1，2017，from www. edutopia. org/practice/collaborative-planning-integrating-curricula-across-subjects

Collins，S.（2008）. *The hunger games*. New York：Scholastic Press.

Cossie，D.（2010，July 1）. *The only thing worse than being blind is having sight but no vision*. Retrieved June 1，2017，from www. betternetworker. com/articles/view/personal-development/mindset/the-only-thing-worse-than-being-blind-is-having-sight-but-no-vision

Costa，A. L.，& Kallick，B.（Eds.）.（2008）. *Learning and leading with hab-*

its of mind: 16 essential characteristics for success. Alexandria, VA: Association for Supervision and Curriculum Development.

Costandi, M. (2016). *Neuroplasticity*. Cambridge: MIT Press.

Coughlan, S. (2013, May 8). *Lack of sleep blights pupils' education*. Retrieved September 20, 2016, from www. bbc. com/news/business-22209818

Cramond, B., & Kim, K. (2002). *EPSY 7060 Assessment of Gifted Children and Youth*. https: //web. archive. org/web/20080119015727/ http: //kyunghee. myweb. uga. edu/portfolio/review%20 of%20ttct. htm

Dale, N. (2016, November 16). *How to find the middle ground between data-driven and student-driven learning in your classroom*. Retrieved June 1, 2017, from www. edsurge. com/news/2016-11-16-how-to-find-the-middle-ground-between-data-driven-and-student-driven-learning-in-your-classroom

Davis, J. (2013, October 15). A radical way of unleashing a generation of geniuses. *Wired*. Retrieved September 20, 2016, from www. wired. com/2013/10/free-thinkers

The decline of creativity in the United States: 5 questions for educational psychologist Kyung Hee Kim. (2010, October 18). *Britannica*. Retrieved June 1, 2017, from http: //blogs. britannica. com/2010/10/the-decline-of-creativity-inthe-united-states-5-questions-for-educational-psychologist-kyung-hee-kim

Diamandis, P. (2015, October 12). *Ray Kurzweil's wildest prediction: Nanobots will plug our brains into the web by the 2030s*. Retrieved June 1, 2017, from http: //singularityhub. com/2015/10/12/raykurzweils-wildest-prediction-nanobots-will-plugour-brains-into-the-web-by-the-2030s

Diamandis, P. H., & Kotler, S. (2012a). *Abundance: The future is better than you think* [Audiobook]. Old Saybrook, CT: Tantor Audio.

Diamandis, P. H., & Kotler, S. (2012b). *Abundance: The future is better than you think*. New York: Free Press.

Dillon, S. (2009, April 22). Large urban-suburban gap seen in graduation rates. *New York Times*. Retrieved September 20, 2016, from www. nytimes. com/2009/04/22/education/22dropout. html

Dimitri, C., Effland, A., & Conklin, N. (2005, June). *The 20th century transformation of U. S. agriculture and farm policy* (Economic Information Bulletin No. 3). Washington, DC: U. S. Department of Agriculture. Retrieved November 2, 2017, from www. ers. usda. gov/webdocs/publications/44197/13566_eib3_1_. pdf

Dobbs, R., Madgavkar, A., Barton, D., Labaye, E., Manyika, J., Roxburgh, C., Lund, S., & Madhav, S. (2012, June). *The world at work: Jobs, pay, and skills for 3.5 billion people*. Retrieved March 1, 2018, from www.mckinsey.com/global-themes/employment-and-growth/the-world-at-work

Dodge, B. (1995). *Some thoughts about WebQuests*. Retrieved December 12, 2017, from http://webquest.org/sdsu/about_webquests.html

Doidge, N. (2007). *The brain that changes itself: Stories of personal triumph from the frontiers of brain science*. New York: Viking.

Domoff, S. E., Harrison, K., Gearhardt, A. N., Gentile, D. A., Lumeng, J. C., & Miller, A. L. (2017, November 16). Development and validation of the problematic media use measure: A parent report measure of screen media "addiction" in children. *Psychology of Popular Media Culture*. Retrieved March 12, 2018, from http://dx.doi.org/10.1037/ppm0000163

Donchev, D. (2017, July 29). *36 mind blowing YouTube facts, figures and statistics*—2017. Retrieved November 2, 2017, from https://fortunelords.com/youtube-statistics

Dorrier, J. (2015, April 20). *Looking ahead as Moore's law turns* 50: *What's next for computing*? Retrieved June 1, 2017, from http://singularityhub.com/2015/04/20/looking-ahead-as-moores-law-turns-50-whats-next-for-computing

Doyle, A. (2017, May 1). *How often do people change jobs*? Retrieved November 2, 2017, from www.thebalance.com/how-often-do-people-change-jobs-2060467

Durden, T. (2017, February 13). *Goldman had 600 cash equity traders in 2000; it now has 2*. Retrieved November 2, 2017, from www.zerohedge.com/news/2017-02-13/goldman-had-600-cash-equity-traders-2000-it-now-has-2

Dweck, C. (2016, January 13). What having a "growth mindset" actually means. *Harvard Business Review*. Retrieved June 1, 2017, from https://hbr.org/2016/01/what-having-a-growth-mindset-actually-means

Dyer, K. (2016, May 24). *Take three!: 55 digital tools and apps for formative assessment success*. Retrieved June 1, 2017, from www.nwea.org/blog/2016/takethree-55-digital-tools-and-apps-for-formative-assessment-success

Eadicicco, L. (2015, December 15). Americans check their phones 8 billion times a day. *Time*. Retrieved September 25, 2016, from http://time.com/4147614/smartphone-usage-us-2015

EdSurge. (2016, April 6). *Survey: 50% of educators bring games into classroom; request better dashboards and reports*. Retrieved October 10, 2016, from www. edsurge. com/news/2016-04-06-survey-50-ofeducators-bring-games-into-classroom-requestbetter-dashboards-and-reports

Einstein, A., & Calaprice, A. (2013). *The ultimate quotable Einstein*. Princeton, NJ: Princeton University Press.

Ekebipop, A. (2016, February 27). *Fast industrial robot production line in Europe*. Retrieved November 6, 2017, from www. youtube. com/watch?v=884-ZjrTErcM

The elephant in the truck: Retraining low-skilled workers. (2017, January 12). *Economist*. Retrieved June 1, 2017, from www. economist. com/news/special-report/21714175-systems-continuous-reskilling-threaten-buttress-inequality-retraininglow-skilled

Elmore, R. (2006). *Education leadership as the practice of improvement* [Audio recording]. Retrieved October 3, 2016, from www. scottmcleod. org/2006 UCEAElmore. mp3

Equitas. (2016). *Welcome to the exponential age: The new industrial revolution*. Retrieved June 1, 2017, from www. equitas-capital. com/2016/research/welcome-to-the-exponential-age-the-new-industrial-revolution

Ferlazzo, L. (2013, March 3). *The best resources for learning about the concept of "transfer" —Help me find more*. Retrieved June 1, 2017, from http://larryferlazzo. edublogs. org/2013/03/03/the-bestresources-for-learning-about-the-concept-oftransfer-help-me-find-more

Ferlazzo, L. (2015, January 16). *The best resources about inductive learning and teaching*. Retrieved June 1, 2017, from http://larryferlazzo. edublogs. org/2015/01/16/the-best-resources-aboutinductive-learning-teaching

Flipped Learning Network. (2016). *What is flipped learning*? Retrieved June 1, 2017, from https://flippedlearning. org/wp-content/uploads/2016/07/FLIP_handout_FNL_Web. pdf

Florida, R. (2014). *The rise of the creative class revisited*. New York: Basic Books.

Fractus Learning. (n. d.). *Bloom's taxonomy verbs*. Retrieved June 1, 2017, from https://fractuslearning. com/wp-content/uploads/2016/01/blooms-taxonomy-verbs. png

Freeman, A., Becker, S. A., Cummins, M., Davis, A., & Giesinger, C.

H. (2017). *NMC/CoSN horizon report: 2017* (K-12 ed.). Austin, TX: New Media Consortium.

Frey, T. (2011, November 11). *55 jobs of the future*. Retrieved December 15, 2016, from www.futuristspeaker.com/business-trends/55-jobs-of-the-future

Friedman, T. L. (2006). *The world is flat: A brief history of the twenty-first century*. New York: Farrar, Straus and Giroux.

Friedman, T. L. (2016a). *Thank you for being late: An optimist's guide to thriving in the age of accelerations* [Audiobook]. New York: Macmillan Audio.

Friedman, T. L. (2016b). *Thank you for being late: An optimist's guide to thriving in the age of accelerations*. New York: Farrar, Straus and Giroux.

Garner, M. (2015). Finland schools: Subjects scrapped and replaced with "topics" as country reforms its education system. *Independent*. Retrieved March 1, 2018, from www.independent.co.uk/news/world/europe/finland-schools-subjects-are-out-and-topics-are-in-as-country-reforms-its-education-system-10123911.html

Generation uphill. (2016, January 23). *Economist*. Retrieved September 30, 2016, from www.economist.com/news/special-report/21688591-millennials-are-brainiest-best-educatedgeneration-ever-yet-their-elders-often

Ghogomu, M. (2014, June 18). *70% of young children can use a computer mouse. Only 11% can tie their own shoes* [Infographic]. Retrieved September 26, 2016, from http://thehigherlearning.com/2014/06/18/70-of-young-children-can-usea-computer-mouse-only-11-can-tie-their-own-shoes-infographic

Gillard, J. (2011). Julia Gillard's speech to Congress. *Sydney Morning Herald*. Retrieved from https://www.smh.com.au/world/julia-gillards-speech-tocongress-20110310-1boee.html

Glatter, H., Deruy, E., & Wong, A. (2016, August 26). Fixing America's broken school calendar. *The Atlantic*. Retrieved March 1, 2018, from https://www.theatlantic.com/education/archive/2016/08/education-eden-the-calendar/497687

The Glossary of Education Reform. (2015). *Personalized learning*. Retrieved March 1, 2018, from www.edglossary.org/personalized-learning

Goodman, S. (2014, March 18). *Fuel creativity in the classroom with divergent thinking*. Retrieved June 1, 2017, from www.edutopia.org/blog/fueling-creativity-through-divergent-thinking-classroom-stacey-goodman

Gould, S., & Weller, C. (2015, October 1). Most common reasons students drop out of high school are heartbreaking. *Business Insider*. Retrieved December 15, 2016, from www.businessinsider.com/most-common-reasons-students-drop-out-of-high-school-2015-10

Greene, K. (2016a, October 11). *How cross-curricular lessons inspire critical thinking*. Retrieved November 1, 2017, from https://edtechdigest.wordpress.com/2016/10/11/how-cross-curricular-lessons-inspire-critical-thinking

Greene, K. (2016b, October 25). *Why every class should be cross-curricular*. Retrieved June 1, 2017, from www.eschoolnews.com/2016/10/25/why-every-class-should-be-cross-curricular

Grossman, L. (2011, February 10). 2045: The year man becomes mortal. *TIME*. Retrieved March 1, 2018, from http://content.time.com/time/magazine/article/0,9171,2048299,00.html

Hawkins, B., & Oblinge, D. (2006). The myth of the digital divide. *EDUCAUSE Review*, *41* (4), 12-13.

Haynes, K. (2015). *Top 12 ways to bring the real world into your classroom*. Retrieved June 1, 2017, from www.teachhub.com/top-12-ways-bring-real-world-your-classroom

Heick, T. (2014). *Evolve or be replaced: 12 emerging realities teachers must adapt to* [Blog post]. Retrieved November 11, 2017, from www.teachthought.com/the-future-of-learning/disrupting-education-8-ideas-will-break

Heick, T. (2018, November 5). *How Google impacts the way students think*. [Blog post.] Retrieved March 11, 2018, from www.teachthought.com/critical-thinking/how-google-impacts-the-way-students-think

Heid, M. (2011, August 2). This is your brain on exercise. *Men's Health*. Retrieved June 1, 2017, from www.menshealth.com/fitness/this-is-your-brain-on-exercise

Hendry, E. (2013). *7 epic fails brought to you by the genius mind of Thomas Edison*. Retrieved March 7, 2018, from https://www.smithsonianmag.com/innovation/7-epic-fails-brought-to-you-by-the-genius-mind-of-thomas-edison-180947786

Hindle, T. (2009). Just-in-time. *Economist*. Retrieved March 1, 2018, from www.economist.com/node/13976392

Holland, B. (2017, May 17). *Teaching 21st century skills requires more than just technology*. Retrieved June 1, 2017, from http://blogs.edweek.org/edweek/edtechresearcher/2017/05/teaching_21st_century_skills_requires_more_than_just_technology.html

Hoque, F. (2015). How the rising gig economy is reshaping businesses. *Fast Company*. Retrieved March 1, 2018, from www. fastcompany. com/3051315/the-gig-economy-is-going-global-heres-why-and-what-it-means

Hreha, J. (2017). Instant gratification is good for you: Lessons for education. *Big Think*. Retrieved March 1, 2018, from http: //bigthink. com/wikimind/instant-gratification-is-good-for-you-lessons-for-education

HRreview. (2013). *UK workers specialist skills are under threat*. Retrieved from http: //www. hrreview. co. uk/hr-news/strategy-news/uk-workers-specialist-skills-are-under-threat/49215

Hubbard, https: //quoteinvestigator. com/2015/01/26/doing/

Ice bucket challenge. (n. d.). In *Wikipedia*. Retrieved December 12, 2017, from https: //en. wikipedia. org/wiki/Ice_Bucket_Challenge

Integrated learning: One project, several disciplines. (2015, May 20). Retrieved June 1, 2017, from www. edutopia. org/practice/integrated-learning-one-project-several-disciplines

James, J. (1997). *Thinking in the future tense: A workout for the mind*. New York: Free Press.

Jensen, E. (2008). *Brain-based learning: The new paradigm of teaching* (2nd ed.). Thousand Oaks, CA: Corwin.

Johnson, B. (2013, January 15). *Deeper learning: Why cross-curricular teaching is essential*. Retrieved June 1, 2017, from www. edutopia. org/blog/cross-curricular-teaching-deeper-learning-ben-johnson

Jukes, I. (2017). *A brief introduction to the eight I's of modern learning*. Unpublished learning materials for the Texas Academy of Leadership in the Humanities, Lamar University, Beaumont, TX.

Jukes, I. , Dosaj, A. , Matheson, K. , McKay, B. , McKay, W. , Holmes, L. , et al. (1999). *NetSavvy: Information literacy for the communication age*. Washington, DC: International Society for Technology in Education.

Jukes, I. , & McCain, T. (2005). *New schools for a new millennium*. Retrieved August 1, 2016, from www. templejc. edu/prodev/distance-ed/fusion2009/ianjukes. pdf

Jukes, I. , McCain, T. , & Crockett, L. (2010). *Understanding the digital generation: Teaching and learning in the new digital landscape*. Thousand Oaks, CA: Corwin.

Jukes, I. , Schaaf, R. L. , & Mohan, N. (2015). *Reinventing learning for the always-on generation*: *Strategies and apps that work*. Bloomington, IN: Solution Tree Press.

Keeping an eye on Google—Eye tracking SERPs through the years. (n. d.). *Mediative*. Retrieved March 1, 2018, from www. mediative. com/eye-tracking-google-through-the-years

Kim, K. (2002). *Critique on the Torrance Tests of Creative Thinking*. Retrieved from https: //web. archive. org/web/20080119015727/ http: /kyunghee. myweb. uga. edu/portfolio/review%20of%20ttct. htm

Klemm, W. (2014). Memory gimmicks 4: Story chains. *Psychology Today*. Retrieved March 1, 2018, from www. psychologytoday. com/blog/memory-medic/201409/memory-gimmicks-4-story-chains

Kohn, A. (2001). *One-size-fits-all education doesn't work*. Retrieved March 1, 2018, from www. alfiekohn. org/article/one-size-fits-education-doesnt-work

Kolb, B., Gibb, R., & Robinson, T. (1998). *Brain plasticity and behavior*. Lethbridge, Alberta: Canadian Centre for Behavioural Neuroscience. Retrieved September 30, 2016, from www. psychologicalscience. org/journals/cd/12_1/kolb. cfm

Konnikova, M. (2014). Being a better online reader. *The New Yorker*. Retrieved March 1, 2018, from www. newyorker. com/science/maria-konnikova/being-a-better-online-reader

Land, G. T., & Jarman, B. (2000). *Breakpoint and beyond*: *Mastering the future—today*. Champaign, IL: HarperBusiness.

Lapidos, J. (2007, July 11). Do kids need a summer vacation? *Slate*. Retrieved September 20, 2016, from www. slate. com/articles/news_and_politics/explainer/2007/07/do_kids_need_a_summer_vacation. html

Larson, J., & Micheels-Cyrus, M. (1986). *Seeds of peace*: *A catalogue of quotations*. Vancouver, British Columbia, Canada: New Society.

Learning and earning: Lifelong learning is becoming an economic imperative. (2017, January 12). *Economist*. Retrieved November 7, 2017, from www. economist. com/news/special-report/21714169-technological-change-demands-stronger-and-more-continuous-connections-between-education

Lehmann, C. (2011, November 3). *ISTE keynote presentation*. Retrieved March 1, 2018, from www. youtube. com/watch?v=3xgawG-yCew

Lengel, J. (2012). *Education 3. 0*: *Seven steps to better schools*. New York: Teachers College Press.

Levy, F., & Murnane, R. (2013, July 17). *Dancing with robots: Human skills for computerized work*. Retrieved March 1, 2018, from www.thirdway.org/report/dancing-with-robots-human-skills-for-computerized-work

Levinson, M. (2016, January 21). *Transdisciplinarity: Thinking inside and outside the box*. Retrieved June 1, 2017, from www.edutopia.org/blog/transdisciplinarity-thinking-inside-outside-box-matt-levinson

Lombardi, M. A. (2007, March 5). Why is a minute divided into 60 seconds, an hour into 60 minutes, yet there are only 24 hours in a day? *Scientific American*. Retrieved September 20, 2016, from www.scientificamerican.com/article/experts-time-division-days-hours-minutes

Long, H. (2016, March 29). *U. S. has lost 5 million manufacturing jobs since 2000*. Retrieved September 20, 2016, from http://money.cnn.com/2016/03/29/news/economy/us-manufacturing-jobs

Macey, T. (2017, July 14). *7 best practices for implementing just-in-time learning* [Blog post]. Retrieved March 1, 2018, from www.advantageperformance.com/implementing-just-in-time-learning

MacQuarrie, B. (2013). Malala Yousafzai addresses Harvard audience. *Boston Globe*. Retrieved from https://www.bostonglobe.com/metro/2013/09/27/malala-yousafzai-pakistani-teen-shot-taliban-tells-harvard-audience-that-education-right-for-all/6cZBan0M4J3cAnmRZLfUmI/story.html

Mansilla, V. B., & Jackson, A. (2011). *Educating for global competence: Preparing our youth to engage the world*. Retrieved June 1, 2017, from http://asiasociety.org/files/book-globalcompetence.pdf

Manyika, J., Chui, M., Miremadi, M., Bughin, J., George, K., Willmott, P., & Dewhurst, M. (2017, January). *Harnessing automation for a future that works*. Retrieved from https://www.mckinsey.com/global-themes/digital-disruption/harnessing-automation-for-a-future-that-works

Markman, A. (n. d.). *Picasso, Kepler, and the benefits of being an expert generalist*. Retrieved June 1, 2017, from http://99u.com/articles/7269/picasso-kepler-and-the-benefits-of-being-an-expert-generalist

Martin, K. (2017, May 26). *Rethinking the lesson plan*. Retrieved June 1, 2017, from https://katielmartin.com/2017/05/26/rethinking-the-lesson-plan

Martin, P. (2016, August 19). *We're moving part-time as the jobs market hollows out*. Retrieved September 25, 2016, from www.petermartin.com.au/2016/08/were-moving-part-time-as-jobs-market.html

Martinez, S. L., & Stager, G. S. (2013, November 5). *The ultimate guide to bringing the maker movement to your classroom*. Retrieved September 20, 2016, from www. weareteachers. com/making-matters-how-the-maker-movement-is-transforming-education

Marvin, N. (Producer), & Darabont, F. (Writer/Director). (1994). *The Shawshank redemption* [Motion picture]. United States: Columbia Pictures and Castle Rock Entertainment.

Masser, M., & Creed, L. (1985). Greatest love of all [Recorded by W. Houston]. On *Whitney Houston*. New York: Sony.

McCain, T. (2005). *Teaching for tomorrow: Teaching content and problem-solving skills*. Thousand Oaks, CA: Corwin.

McCain, T., & Jukes, I. (2000). *Windows on the future: Education in the age of technology*. Thousand Oaks, CA: Corwin.

McCain, T., & Jukes, I. (2007). *Windows on the future: Thinking about tomorrow today*. Retrieved August 1, 2016, from http://wvde. state. wv. us/principalsinstitute/institute07-08/docs _ summer/SummerDay04 _ Jukes—WindowsOnTheFuture. pdf

McCain, T., Jukes, I., & Crockett, L. (2010). *Living on the future edge: Windows on tomorrow*. Kelowna, BC, Canada: 21st Century Fluency Project.

McCarthy, J. (2015, December 3). *Authenticity = lifelong learners*. Retrieved June 1, 2017, from www. edutopia. org/blog/authenticity-equals-lifelong-learners-john-mccarthy

Mead, M. (2005). *The world ahead: An anthropologist anticipates the future*. New York: Berghahn Books.

Medina, J. (2008). *Brain rules: 12 principles for surviving and thriving at work, home, and school*. Seattle, WA: Pear Press.

Meltzer, T. (2014, June 15). Robot doctors, online lawyers and automated architects: The future of the professions? *Guardian*. Retrieved September 30, 2016, from www. theguardian. com/technology/2014/jun/15/robot-doctors-online-lawyers-automated-architects-future-professions-jobs-technology

Miller, A. (2017). A more complete picture of student learning. *Edutopia*. Retrieved from https://www. edutopia. org/article/more-complete-picture-student-learning

Mind Blowing Videos. (2016, July 26). *Amazon warehouse robots*. Retrieved from https://www. youtube. com/watch?v=cLVCGEmkJs0

Mikkelson, B. (2005, November 3). *Grandma's cooking secret*. Retrieved September 20, 2016, from www. snopes. com/weddings/newlywed/secret. asp

Mogg, T. (2012, November 12). *Apple introduces "blue sky" program to give select employees time for personal projects*. Retrieved September 22, 2016, from www. digitaltrends. com/apple/apple-introduces-blue-sky-program-to-give-select-employees-time-for-personal-projects

Monson, T. S. (2003). *In search of treasure*. https: //www. lds. org/general-conference/2003/04/in-search-of-treasure?lang=eng

Moore, C. (2010, September). Buckets and fires. *Educational Leadership*, 68 (1). Retrieved September 20, 2017, from www. ascd. org/publications/educational-leadership/sept10/vol68/num01/Buckets-and-Fires. aspx

Morgan, J. (2016, February 11). The lab, the factory and the future of work. *Forbes*. Retrieved March 1, 2016, from www. forbes. com/sites/jacobmorgan/2016/02/11/lab-factory-futurework

Morrison, K. (2015, July 2). Visual media changes how humans consume information. *Adweek*. Retrieved March 1, 2018, from www. adweek. com/digital/visual-media-webdam-infographic

Mulcahey, D. (2016, October 27). Who wins in the gig economy, and who loses. *Harvard Business Review*. Retrieved March 1, 2018, from https: //hbr. org/2016/10/who-wins-in-the-gig-economy-and-who-loses

Murray, J. (2015, June 30). *How to build your PLN*. Retrieved June 1, 2017, from http: //askatechteacher. com/2015/06/30/how-to-build-your-pln

Murray, P., & Gillibrand, K. (2015, April 20). *Contingent workforce: Size, characteristics, earnings, and benefits*. Retrieved September 23, 2016, from www. gao. gov/assets/670/669899. pdf

National Education Association of the United States. (1894). *Report of The Committee of Ten on secondary school studies*. Retrieved March 5, 2018, from https: //archive. org/details/reportofcomtens00natirich

Neisser, U. (1997). Rising scores on intelligence tests. *American Scientist*, 85, 440-447.

New Media Consortium (n. d.). *The horizon reports*. Retrieved September 20, 2016, from www. nmc. org/publication-type/horizon-report

O'Connor, S. (2017). Driven to despair—the hidden costs of the gig economy. *Financial Times*. Retrieved March 1, 2018, from www. ft. com/content/749cb87e-6ca8-11e7-b9c7-15af748b60d0

Old dogs, new tricks: How older employees perform in the workplace. (2017, January 12). *Economist*. Retrieved June 1, 2017, from www. economist. com/ news/special-report/21714174-people-agebrain-changes-both-good-ways-and-bad-howolder-employees-perform

Outsource2India. (2016). *Healthcare BPO*. Retrieved November 1, 2017, from www. outsource2india. com/Healthcare/medical-imaging-services. asp

Padnani, A. (2012, August 11). The power of music, tapped in a cubicle. *New York Times*. Retrieved June 1, 2017, from www. nytimes. com/2012/08/12/ jobs/how-music-can-improve-worker-productivity-workstation. html

Palmer, A. (2017, January 12). Learning and earning: Lifelong learning is becoming an economic imperative. *Economist*. Retrieved June 1, 2017, from www. economist. com/news/special-report/21714169-technological-change-demands-stronger-and-more-continuous-connections-between-education

Pappas, C. (2016, December 17). *5 tips to integrate discovery learning activities into your instructional design*. Retrieved June 1, 2017, from https: //elearningindustry. com/tips-integrate-discovery-learning-activities-instructional-design

Partnership for 21st Century Learning. (n. d.). What we know about critical thinking. *The 4Cs Research Series*. Retrieved March 1, 2018, from www. p21. org/storage/documents/docs/Research/P21_4Cs_Research_Brief_ Series_- _Critical_Thinking. pdf

Patkar, M. (2014, July 22). *Learn the basics of color theory to know what looks good*. Retrieved June 1, 2017, from http: //lifehacker. com/learn-the-basics-of-color-theory-to-know-what-looks-good-1608972072

Petriglieri, G., Ashford, S., & Wrzesniewski, A. (2018). Thriving in the gig economy. *Harvard Business Review*. Retrieved March 1, 2018, from https: //hbr. org/2018/03/thriving-in-the-gig-economy

Pfeffer, J. (2015, July 30). *The case against the "gig economy."* Retrieved September 28, 2016, from http: //fortune. com/2015/07/30/freelance-vs-full-time-employees

Pink, D. H. (2001, October). *School's out: Get ready for the new age of individualized education*. Retrieved September 26, 2016, from http: //reason. com/archives/2001/10/01/schools-out

Pink, D. H. (2006). *A whole new mind: Why right-brainers will rule the future*. New York: Penguin.

Poe, E. A. (1982). The tell-tale heart. In *The tell-tale heart and other writings by Edgar Allan Poe*. New York: Bantam. (Originally published in 1843.)

PricewaterhouseCoopers. (2015, April). *A smart move*. Retrieved September 20, 2016, from https://pwc.docalytics.com/v/a-smart-move-pwc-stem-report-april-2015.pdf

Proust, M. (n.d.) In *Wikiquote*. Retrieved March 30, 2018, from https://en.wikiquote.org/wiki/Marcel_Proust

Quillen, I. (2013, April 25). *A design challenge to students: Solve a real-world problem*! Retrieved November 1, 2017, from www.kqed.org/mindshift/2013/04/25/a-design-challenge-to-students-solve-a-real-world-problem

Rankin, W. (2011, June 1). *Teaching and learning in the 3rd information age*. Retrieved January 15, 2017, from https://itunes.apple.com/us/itunes-u/ade-keynotes/id441669904?mt=10

Ratey, J. J. (2013). *Spark: The revolutionary new science of exercise and the brain*. New York: Little, Brown.

Real-world problem solving: Project-based solutions. (2015, November 10). Retrieved June 1, 2017, from www.edutopia.org/practice/real-world-problem-solving-project-based-solutions

Rejcek, P. (2017, March 31). *Can futurists predict the year of the singularity?* Retrieved March 5, 2018, from https://singularityhub.com/2017/03/31/can-futurists-predict-the-year-of-the-singularity

Richardson, W., & Dixon, B. (2017). *10 principles for schools of modern learning*. [White paper]. Retrieved from https://s3-us-west-2.amazonaws.com/modernlearners/Modern+Learners+10+Principles+for+Schools+of+Modern+Learning+whitepaper.pdf

Rivero, L. (2012, March 10). Be more creative today. *Psychology Today*. Retrieved June 1, 2017, from www.psychologytoday.com/blog/creative-synthesis/201203/be-more-creative-today

Rothstein, D., & Santana, L. (2011). *Make just one change: Teach students to ask their own questions*. Cambridge, MA: Harvard Education Press.

Rotman, D. (2017, February 13). *The relentless pace of automation*. Retrieved November 1, 2017, from www.technologyreview.com/s/603465/the-relentless-pace-of-automation

St. Fleur, N. (2017). How whales became the biggest animals on the planet. *New York Times*. Retrieved March 1, 2018, from www.nytimes.com/2017/05/24/science/whales-evolutionoceans.html

Samantha. (2012, January 7). *The origin of the QWERTY keyboard*. Retrieved September 20, 2016, from www. todayifoundout. com/index. php/2012/01/the-origin-of-the-qwerty-keyboard

Satel, G. (2015, February 6). Why communication is today's most important skill. *Forbes*. Retrieved March 1, 2018, from www. forbes. com/sites/greg-satell/2015/02/06/why-communication-is-todays-most-important-skill

Scenario-Based Learning. (n. d.). *Massey University*. Retrieved March 29, 2018, from www. massey. ac. nz/massey/fms/AVC%20Academic/Teaching%20and%20Learning%20Cenrtres/Scenario-based-learning. pdf

Schaaf, R. (2014a). Cyberbullying: Policy for digital protection. *New Horizons for Learning*, *11* (1). Retrieved March 1, 2018, from http: //jhepp. library. jhu. edu/ojs/index. php/newhorizons/article/view/349/158

Schaaf, R. (2014b). *100 things students can create to demonstrate what they know*. Retrieved June 1, 2017, from www. teachthought. com/pedagogy/assessment/100-things-students-can-create-to-demonstrate-what-they-know

Schwartz, K. (2015, July 15). *Making learning visible: Doodling helps memories stick*. Retrieved September 30, 2016, from www. kqed. org/mindshift/2015/07/15/making-learning-visibledoodling-helps-memories-stick

Schwartz, K. (2017, April 26). *The essential underpinnings of shifting to "modern learning."* Retrieved June 1, 2017, from https: //ww2. kqed. org/mindshift/2017/04/26/the-essentialunderpinnings-of-shifting-to-modern-learning

Sehgal, E. (1984, October). *Occupational mobility and job tenure in 1983*. Retrieved September 20, 2016, from www. bls. gov/opub/mlr/1984/10/art2full. pdf

Serial. (n. d.). In *Wikipedia*. Retrieved March 31, 2017, from https: //en. wikipedia. org/wiki/Serial_(podcast)

Simmons, M. (2017, April 25). *How Elon Musk learns faster and better than everyone else*. Retrieved June 1, 2017, from https: //qz. com/968101/how-elon-musk-learns-faster-and-better-than-everyone-else

Small, G., & Vorgan, G. (2008). *iBrain: Surviving the technological alteration of the modern mind*. New York: William Morrow.

Smith, A. (2016, March 10). *Public predictions for the future of workforce automation*. Retrieved September 20, 2016, from www. pewinternet. org/2016/03/10/public-predictions-for-the-future-of-workforce-automation

Smith, A., & Anderson, J. (2014, August 6). *AI, robotics, and the future of jobs*. Retrieved September 20, 2016, from www.pewinternet.org/2014/08/06/future-of-jobs

Smith, F. (2016, February 25). Report: One in four students enrolled in online courses. *EdTech*. Retrieved March 3, 2018, from https://edtechmagazine.com/higher/article/2016/02/report-one-four-students-enrolled-online-courses

Solving real-world issues through problem-based learning. (2016, November 1). Retrieved June 1, 2017, from www.edutopia.org/practice/solving-real-world-issues-through-problem-based-learning

Sousa, D. A. (Ed.). (2010). *Mind, brain, and education: Neuroscience implications for the classroom*. Bloomington, IN: Solution Tree Press.

Stanton, J. (2013, February 1). *The American education system is creating ignorant adults*. Retrieved June 1, 2017, from www.intrepidreport.com/archives/8884

Statistic Brain. (2016, September 1). *YouTube company statistics*. Retrieved June 1, 2017, from www.statisticbrain.com/youtube-statistics

Steinbeck, J. (1945). *Cannery Row*. New York: Viking.

Stephenson, G. R. (1967). Cultural acquisition of a specific learned response among rhesus monkeys. In D. Starek, R. Schneider, & H. J. Kuhn (Eds.), *Progress in primatology* (pp. 279-288). Stuttgart, Germany: Fischer.

Sternberg, R. J. (1985). *Beyond IQ: A triarchic theory of intelligence*. New York: Cambridge University Press.

Strand, M. (2016). *Collected poems*. New York: Knopf.

Strauss, K. (2017, March 8). 10 great "gig economy" jobs for 2017. *Forbes*. Retrieved March 1, 2018, from https://www.forbes.com/sites/karstenstrauss/2017/03/08/10-great-gig-economy-jobs-for-2017

Swanson, M. (n. d.). *The Babylonian number system*. Retrieved September 20, 2017, from www.math.ucdenver.edu/~jloats/Student%20pdfs/15_BabylonianNumbers.pdf

Taylor, F. W. (1910). *The principles of scientific management*. New York: Harper & Bros. 34 strategies for the stages of assessment: Before, during and after. (n. d.). Retrieved June 1, 2017, from www.teachthought.com/pedagogy/assessment/34-strategies-for-the-stages-of-assessment-before-during-after

Treadwell, M. (2016, March 12). *Do we need to read and write to learn?* Retrieved June 1, 2017, from https://mtreadwell.wordpress.com/2016/03/

12/the-end-of-reading-writing

Uber Advanced Technologies Group. (2016, May 16). *Otto—Self-driving trucks*. Retrieved November 6, 2017, from www. youtube. com/watch?v=bK76W1kH4JA

U. S. Bureau of Labor Statistics. (2017, October 20). *National longitudinal surveys*. Retrieved November 3, 2017, from www. bls. gov/nls/nlsfaqs. htm

Vander Ark, C., & Ryerse, M. (2017, January 20). *10 reasons why lifelong learning is the only option*. Retrieved June 1, 2017, from www. gettingsmart. com/2017/01/10-reasons-why-lifelong-learningis-the-only-option

van der Pluijm, R., Simmonds, R., & Holmen, M. (2015, June 10). *Search vs. discovery*. Retrieved November 1, 2017. from https: //medium. com/the-graph/search-vs-discovery-1b80e045aea

Van Erp, N., & Fenton, D. (2016, May 12). *Try this, not that: Make over your lessons to promote student understanding and curiosity*. Retrieved June 1, 2017, from http: //inservice. ascd. org/try-this-not-that-make-over-your-lessons-to-promote-student-understanding-and-curiosity

velocityglobal. (2017, May 16). *Think global: Benefits of a global workforce*. Retrieved March 1, 2018, from https: //velocityglobal. com/blog/benefits-of-a-global-workforce

Vesalainen, T. (2017, March 5). Mindmap, brainstorm, idea, innovation, imagination. Retrieved November 6, 2017, from https: //pixabay. com/en/mindmap-brainstorm-idea-innovation-2123973

Voltz, D. L., Sims, M. J., & Nelson, B. (2010). *Connecting teachers, students, and standards: Strategies for success in diverse and inclusive classrooms*. Alexandria, VA: Association for Supervision and Curriculum Development.

Wagner, T. (2010). *The global achievement gap: Why even our best schools don't teach the new survival skills our children need—And what we can do about it*. New York: Basic Books.

Wagner, T., & Dintersmith, T. (2015). *Most likely to succeed: Preparing our kids for the innovation era*. New York: Scribner.

Wallis, C. (2017, May 31). Is the U. S. education system producing a society of "smart fools"? *Scientific American*. Retrieved June 1, 2017, from www. scientificamerican. com/article/is-the-u-s-education-system-producing-a-society-of-ldquo-smart-fools-rdquo

Warlick, D. (2011). *2¢ worth* [Personal blog]. Retrieved September 20,

2016, from http: //2cents. onlearning. us/? author=1& paged=186

Watters, A. (2015, April 25). *The invented history of "the factory model of education."* Retrieved September 20, 2016, from http: //hackeducation. com/2015/04/25/factory-model

WebQuest. (n. d.). In *Wikipedia*. Retrieved December 12, 2017, from http: //en. wikipedia. org/wiki/WebQuest

Weissmann, J. (2012, March 29). Why do so many Americans drop out of college? *Atlantic*. Retrieved September 20, 2016, from www. theatlantic. com/business/archive/2012/03/why-do-so-many-americans-drop-out-of-college/255226

Whale facts. Retrieved March 1, 2018, from www. whalefacts. org/what-do-blue-whales-eat

White, M. (2012, April 18). *Hot teaching trend and Common Core: Discovery learning vs. direct instruction*. Retrieved June 1, 2017, from www. deseretnews. com/article/765569782/Discovery-learning-a-major-national-trend-in-education. html

Whitehead, A. (1967). *Adventures in ideas*. New York: Macmillan.

Wiggins, G. (1993). *Assessing student performance: Exploring the purpose and limits of testing*. San Francisco: Jossey-Bass.

Wiggins, G. (2002, January 21). *Grant Wiggins: Defining assessment*. Retrieved June 1, 2017, from www. edutopia. org/grant-wiggins-assessment

Wiggins, G., & McTighe, J. (2005). *Understanding by design* (2nd expanded ed.). Alexandria, VA: Association for Supervision and Curriculum Development.

Willis, J. (2007, Summer). The neuroscience of joyful education. *Educational Leadership*, 64. Retrieved May 1, 2017, from www. ascd. org/publications/educational-leadership/summer07/vol64/num09/The-Neuroscience-of-Joyful-Education. aspx

Wiseman, L. (2014). *Rookie smarts: Why learning beats knowing in the new game of work*. New York: Harper Business.

Woollaston, V. (2015, October 29). How often do YOU check your phone?: Average user picks up their device 85 times a DAY—Twice as often as they realise. *Daily Mail*. Retrieved September 25, 2016, from www. dailymail. co. uk/sciencetech/article-3294994/How-check-phone-Average-userpicks-device-85-times-DAY-twice-realise. html

World Economic Forum. (2015). *New vision for education: Unlocking the poten-*

tial of technology. Retrieved June 1, 2017, from www. weforum. org/docs/WEFUSA_NewVisionforEducation_Report2015. pdf

World Economic Forum. (2016a, January). *The future of jobs: Employment, skills and workforce strategy for the fourth Industrial Revolution*. Retrieved November 1, 2017, from www. weforum. org/docs/WEF_Future_of_Jobs. pdf

World Economic Forum. (2016b, January). *Skills stability*. Retrieved September 10, 2018, from http: //reports. weforum. org/future-of-jobs-2016/skills-stability/

World Economic Forum. (2016c, March). *New vision for education: Fostering social and emotional learning through technology*. Retrieved March 15, 2017, from www3. weforum. org/docs/WEF_New_Vision_for_Education. pdf

Wurman, R. S. (1989). *Information anxiety*. New York: Doubleday.

索 引

（注：各词条后的页码，为英文原著页码，即本书边码。）

出 版 人　李　东
责任编辑　翁绮睿
版式设计　杨玲玲
责任校对　马明辉
责任印制　叶小峰

图书在版编目（CIP）数据

教育未来简史：颠覆性时代的学习之道 /（美）伊恩·朱克斯（Ian Jukes），（美）瑞恩·L. 沙夫（Ryan L. Schaaf）著；钟希声译. —北京：教育科学出版社，2020.7（2022.1 重印）

书名原文：A Brief History of the Future of Education：Learning in the Age of Disruption

ISBN 978-7-5191-2206-5

Ⅰ. ①教…　Ⅱ. ①伊…　②瑞…　③钟…　Ⅲ. ①教育—发展—研究　Ⅳ. ①G40

中国版本图书馆 CIP 数据核字（2020）第 102344 号
北京市版权局著作权合同登记　图字：01-2020-3678 号

教育未来简史：颠覆性时代的学习之道
JIAOYU WEILAI JIANSHI：DIANFUXING SHIDAI DE XUEXI ZHI DAO

出版发行	教育科学出版社		
社　　址	北京·朝阳区安慧北里安园甲 9 号	**邮　　编**	100101
总编室电话	010-64981290	**编辑部电话**	010-64981252
出版部电话	010-64989487	**市场部电话**	010-64989009
传　　真	010-64891796	**网　　址**	http://www.esph.com.cn
经　　销	各地新华书店		
制　　作	北京金奥都图文制作中心		
印　　刷	三河市兴达印务有限公司		
开　　本	890 毫米×1240 毫米　1/32	**版　　次**	2020 年 7 月第 1 版
印　　张	8.625	**印　　次**	2022 年 1 月第 5 次印刷
字　　数	154 千	**定　　价**	58.00 元

图书出现印装质量问题，本社负责调换。

A Brief History of the Future of Education: Learning in the Age of Disruption, First Edition
By Ian Jukes, Ryan L. Schaaf